Winfried Hagenmaier

Das Einhorn
Eine Spurensuche durch die Jahrtausende

Winfried Hagenmaier

Das Einhorn

Eine Spurensuche durch die Jahrtausende

ISBN 3-89102-468-1

Dieses Werk ist einschließlich aller seiner
Teile urheberrechtlich geschützt.
Jede Verwertung außerhalb der engen Grenzen des Urheberrechts
wird ohne Zustimmung des Verlages gerichtlich verfolgt.
Dies gilt insbesondere für Vervielfältigungen, Übersetzungen,
Mikroverfilmungen und die Einspeicherung und
Verarbeitung in elektronische Systeme.
© 2003 Eulen Verlag GmbH, München

Der Verlag konnte trotz intensiver Nachforschungen und Bemühungen die Besitzer mancher Bildrechte nicht ausfindig machen. Die Besitzer mögen sich wegen der Bildhonorare beim Verlag melden.

www.eulenverlag.de

Inhalt

Motto 7

Vorwort 9

Mythos, Fabel, Märchengestalt – oder Realität? 13

Wann, wo, wie fing alles an? 18

Die Vorstellungen der Antike 22

Das Vorkommen des Tieres in der Bibel 25

Die Meinung des „Naturkundigen" 28

Erschaffung der Welt und Sintflut 32

Symbol für Dämonen und den Teufel 38

Der Mann im Abgrund 40

Die Bedeutung der mystischen Einhornjagd 44

Mittelhochdeutsche und mittellateinische Dichtungen 48

Spätmittelalterliche Tierfabeln und Exempelsammlungen 53

Das Einhorn mit Wildleuten, als Reittier und in Triumphzügen ... 58

Reiseberichte des späten Mittelalters und der frühen Neuzeit 61

Dame und Einhorn 64

Wappen und Embleme 76

Die heilende Kraft des Horns 80

Das Auftauchen des Einhorns im Märchen 84

Dichtung der Neuzeit 87

Bildende Kunst des 15. bis 19. Jahrhunderts 98

Bildende Kunst des 20. und des beginnenden 21. Jahrhunderts .. 104

Das Einhorn lebt 114

Schlussgedicht 117

Einhorn-Apotheken in Deutschland 120
Einhorn-Apotheken in Österreich 121
Einhorn-Ausstellungen 1987-2001 122
Gemeinden mit Einhornwappen 123
Das Einhorn in verschiedenen Sprachen 124
Literaturauswahl 125
Bildnachweis 126

Motto

„Das Einhorn sitzt nachts in öffentlichen Bibliotheken und blättert in dicken Büchern auf der Suche nach dem Beweis seiner eigenen Existenz"

SAID

Entwurf und Zeichnung: Walter Wild
(1906-2002), Freiburg i. Br.

Vorwort

„Vom Einhorn fasziniert" lautete der Titel einer Ausstellung in Münster vom Oktober 1993 bis zum Februar 1994. Diese Formulierung bringt knapp und präzise das zum Ausdruck, was ich gegenüber diesem merkwürdigen, vor Symbolkraft strotzenden Tier empfinde. Ob ich vom Einhorn besessen bin, wie es vor Jahren ein Fernsehjournalist in einem Telefongespräch mit mir bezeichnete, mögen andere beurteilen. Jedenfalls hat mich eines Tages die Einhornbegeisterung gepackt und seither nicht mehr losgelassen.

Wenn ich mich mit anderen über mein Hobby unterhalte, taucht neben der Frage nach dem Ursprung dieses seltsamen Wesens auch gleich die zweite Frage auf, wann das alles bei mir angefangen habe. Auf ein bestimmtes Datum lässt sich das nicht mehr festlegen. Ich sammelte in meinem Leben schon manche Motive. Schließlich konzentrierte ich mich auf zwei biblische Themen, die Arche Noach und den Turmbau zu Babel. Und irgendwann schlich sich dann noch das Einhorn ein. Etwa Ende 1987 beschloss ich wegen der Fülle des Materials, mich auf das Einhorn-Motiv zu beschränken. Daraus entwickelte sich nach und nach eine echte Faszination. Sicher eine „späte Liebe" – hatte ich doch damals mehr als 50 Jahre hinter mir, was aber der Begeisterung keinen Abbruch tat.

Bildinitiale aus einer Inkunabel der Universitätsbibliothek Freiburg i. Br. (Baldus de Ubaldis, Super usibus feudorum. Rom um 1474, fol. 63r)

Zuerst sammelte ich nur Postkarten, dann auch größere Fotos und Poster; Figuren aller Art kamen hinzu, und eines Tages sträubte ich mich auch nicht mehr dagegen, literarische Belege und Bücher in meine Sammelleidenschaft einzubeziehen. Inzwischen besitze ich über 30 DIN-A-4-Mappen mit Fotos und Kopien von Abbildungen, fast 200 Bücher, Kopien aus knapp 600 Büchern und Aufsätzen sowie eine umfangreiche Kollektion von Figuren und Sammlerstücken.

Die Sammlung umfasst einfache und künstlerische Einhornfiguren aus Plastik, Holz, Glas, Keramik, Metall und Stoff; dazu gehören aber auch Stempel, Lesezeichen, Briefpapier, Servietten, Puzzles, Karten- und Würfelspiele, Tarot-Karten und Souvenir-Artikel wie Aufkleber, Trinkgläser, Teller, Löffel, Fingerhüte, Schlüsselanhänger und Brieföffner; ferner Wandteppiche, Mobiles, Marionetten, Plüschtiere, eine Fingerpuppe, ein Steckenpferd (mit Horn), Spieluhren und Buchstützen sowie Täfelchen und Plakate, Fahnen, Hals- und Kopftücher, Krawatten, T-Shirts und eine Fußbodenmatte; last but not least seien ein Holz-

Einhornmaske der Narrengesellschaft Billafingen, Aufn. vom Autor

schnitt und ein Aquarell von zeitgenössischen Künstlern erwähnt. Besonders stolz bin ich darauf, dass es mir gelang, gewissermaßen als Glanzstück die Einhornmaske der Narrengesellschaft Billafingen bei Überlingen zu erwerben.

Zugute kam mir, dass ich in meinem bis Anfang 2001 ausgeübten Beruf in der Universitätsbibliothek Freiburg als (zuletzt auch für die alten und seltenen Drucke zuständiger) Leiter der Handschriftenabteilung Zugang zu jahrhundertealten Büchern hatte, was zu mancher interessanten Entdeckung führte.

Doch hätte ich meine große Sammlung nicht ohne vielfältige Hilfe von Verwandten, Bekannten, Freunden und Kollegen aufbauen können – durch Sammelstücke, Hinweise und Fotos. Manche Zeitgenossen haben inzwischen, von mir angeregt, den spezifischen Einhorn-Blick, den man braucht, um auf Reisen Neues zu entdecken. Und mehr als einmal bekam ich gesagt, dass im Urlaub an mich, d. h. an mein Hobby, gedacht worden sei.

Im Lauf der Jahre lernte ich eine ganze Reihe von Einhornbegeisterten und -sammlern beiderlei Geschlechts und von verschiedenem Alter kennen, nicht nur aus Deutschland, sondern auch aus Österreich, Frankreich und Kanada. Daraus entwickelten sich teilweise auf dem gemeinsamen Hobby basierende Freundschaften. Förderlich war dabei die von mir veranstaltete Einhorn-Ausstellung in der Universitätsbibliothek Freiburg vom 15. Januar bis zum 17. Februar 1997. Sie zeigte in einer exemplarischen Dokumentation die breit gefächerte Wirkungsgeschichte des Einhorn-Motivs mit Handschriften, Drucken und Faksimile-Ausgaben der Universitätsbibliothek sowie mit Fotos, Plakaten, Büchern und Objekten aus meiner Privatsammlung.

Allerdings konnte ich damals aus Zeitgründen keinen Katalog erstellen. Doch reifte von da an die Idee zu diesem Buch – nach einem Gespräch mit dem Gründer und damaligen Inhaber des Eulen Verlags, Harald Gläser († 2003).

Hätte ich am Anfang meiner Einhornbegeisterung geahnt, wie vielschichtig und weitläufig das Thema ist, wäre ich vielleicht erschrocken. Ich hielt mein Sammelgebiet für sehr begrenzt. Doch weit gefehlt! Allein in Freiburg im Breisgau, wo ich seit mehr als 45 Jahren lebe, begegnet man immer wieder überraschend Einhörnern, sei es auf dem Alten Friedhof, auf dem Rathausplatz, in einem Jugendstilhaus, im Münster, in Pfarrkirchen oder im Augustinermuseum. Von den nicht jedem ohne weiteres zugänglichen Handschriften, Inkunabeln, alten Drucken und modernen Büchern der Universitätsbibliothek ganz zu schweigen. In Freiburg gab es, wie andernorts teilweise heute noch, nach dem Einhorn benannte Häuser. Auch im benachbarten Basel bietet sich ein ähnliches Bild: Einhörner im Münster, in Kirchen, sogar bei der Basler Fasnacht und vor allem im Historischen Museum. Bei mehreren Basler Familien ist das Einhorn Wappentier. Und in Straßburg stößt man ebenfalls häufig auf das Fabelwesen: in einer Apotheke, in Gasthäusern und in Museen. Allein auf der Außenseite des Münsters ist es dreimal dargestellt, einmal als Wasserspeier. Sogar eine Straße ist nach dem Einhorn benannt (Rue de la licorne).

Ich hoffe, dass mein Buch wenigstens eine Ahnung von den vielen Facetten des Einhorns – angefangen vom alten China bis hin zur Fantasy-Literatur der Gegenwart – zu vermitteln vermag. Doch ist es angesichts der Stofffülle unmöglich, in einem Werk dieses Umfangs allen Aspekten gerecht zu werden. Ich muss daher die Kenner der Materie um Nachsicht bitten. Eine Auswahl war notwendig, und sie ist natürlich auch in einem gewissen Grade subjektiv.

Bedanken möchte ich mich bei all den vielen, die mich im Lauf der Jahre mit Einhornfotos, -hinweisen und -material „versorgt" haben, nicht zuletzt bei denen, die mir durch das gleiche Hobby verbunden sind.

Besonders hervorheben möchte ich Pater Dr. Jürgen Werinhard Einhorn OFM, der in herausragender Weise am Zustandekommen dieses Buches beteiligt ist. Nicht nur durch persönliche und schriftliche Anregungen, sondern in erster Linie durch seine 1998 in zweiter, überarbeiteter Auflage erschienene Dissertation „Spiritalis unicornis. Das Einhorn als Bedeutungsträger in Literatur und Kunst des Mittelalters". Die Einhorn-Dissertation, der ich sehr viel verdanke, ist das Standardwerk schlechthin für jeden, der sich mit dem Einhorn im Mittelalter und darüber hinaus beschäftigt. Erwähnen möchte ich auch Rainer Filbry/Osnabrück, Apotheker im Ruhestand, seit Jahrzehnten leidenschaftlicher Einhornsammler und Kenner der Materie sowie Organisator der ganz am Anfang genannten Münsteraner Ausstellung und anderer Ausstellungen. Von ihm erhielt ich viele wertvolle Hinweise. Mein besonderer Dank gilt Professor Dr. Konrad Kunze/Freiburg i. Br. für die Übersetzung von mittelhochdeutschen Texten.

In den Dank einbeziehen möchte ich zum Schluss meine Frau, die mein Hobby und alle damit verbundenen „Verrücktheiten" nicht nur geduldet, sondern auch verständnisvoll gefördert und unterstützt hat. Meist war sie auf Reisen in einer fremden Stadt die Erste, die auf einen neuen Fund stieß. Durch den täglichen, manchmal nervenaufreibenden Gedankenaustausch und durch die mehrfache Lektüre des Manuskripts ist sie maßgeblich am Zustandekommen des vorliegenden Werkes beteiligt.

Ihr sei das Buch gewidmet.

Im Sommer 2003   *Winfried Hagenmaier*

Einhorn auf einem Apsisfenster der neuromanischen Pfarrkirche St. Johann in Freiburg i. Br. von Fritz Geiges (1853 - 1935), Aufn. vom Autor

Aus: Robert Vavra, Das Einhorn lebt, 1983, S. 16

Mythos, Fabel, Märchengestalt – oder Realität?

„Das Einhorn lebt". So lautet der Titel eines 1983 erschienenen Text- und Bildbandes von Robert Vavra, der unter Berufung auf ein 1836 in Addis Abeba geschriebenes Tagebuch von Rudolf O. Springer das Einhorn als real existierendes Tier beschreibt. In aufwändig gestalteten Fotos werden angeblich in aller Welt gesehene Schimmel gezeigt mit jeweils demselben langen geraden und geriefelten Horn. Vavra, dessen Buch ursprünglich auf Englisch erschien, fügt den Bildern „Anmerkungen des Verfassers zum Einhornverhalten und zu anderen Dingen" hinzu. Darin liefert er neben der detaillierten Beschreibung der angeblich häufig jahrhundertealten Einhörner in unsystematischer Weise eine Kulturgeschichte des Einhorns im Abendland. Den Schluss bilden 16 sehr amüsant zu lesende Ratschläge für die erfolgreiche Einhornbeobachtung. Nr. 14 lautet folgendermaßen:

„Ein Tarnanzug, wie er von Jägern und Soldaten getragen wird, ist überflüssig, denn ob man von einem Einhorn akzeptiert wird, entscheidet das Herz und nicht die Farbe der Kleidung." Wer zwischen den Zeilen liest, merkt fortwährend, dass Vavra selbst nicht an die wirkliche Existenz von Einhörnern glaubt. Trotzdem ist die immer wieder gestellte Frage erlaubt, ob Einhörner je existierten, überhaupt existieren können oder nur eine Ausgeburt der menschlichen Einbildungskraft sind. Wer sich mit offenen Augen auf die Suche macht, begegnet diesem geheimnisvollen Tier auf Schritt und Tritt und findet es zu allen Zeiten, an vielen Orten und in vielen Ländern: auf Gemälden und Bildteppichen, in Miniaturen und auf Grafiken, in Romanen, Gedichten, Märchen, Sagen, Legenden, in der Fantasy-Literatur und in Filmen, in naturwissenschaftlichen und enzyklopädischen Abhandlungen, in Reise- und Pilgerberichten, auf Apotheken- und Wirtshausschildern, in Wappen als Schildzeichen, Helmzier und Wappenhalter, ja sogar bei den Kirchenvätern, bei mittelalterlichen Theologen und in der Bibel.

Der Definition der Brockhaus-Enzyklopädie von 1988, das Einhorn sei ein Fabelwesen von Pferdegestalt, wird niemand widersprechen. Doch wurde lange an die reale Existenz des Einhorns geglaubt. Die Frage, ob es in das Reich der Fantasie zu verweisen sei, wurde in der Antike und im Mittelalter gar nicht gestellt. Zweifel an der wirklichen Existenz des Einhorns tauchten erst in der Neuzeit auf. Der Zürcher Arzt und Naturforscher Conrad Gesner bringt in seinem umfangreichen illustrierten Tierbuch (1551-1558) eine ausführliche Beschreibung des Einhorns mit Abbildung, bemerkt aber dazu, es sei noch keines nach Europa gekommen. Allerdings räumt er auf Grund von Reiseberichten ein, dass das Tier in Indien, Arabien und dem Mohrenland (Afrika) durchaus existieren könne. Im 16. und 17. Jahrhundert tobte dann ein heftiger Streit. Doch ging es dabei weniger um die meist nicht unbedingt ausgeschlossene Existenz des Einhorns, sondern um die umstrittene Frage nach der medizinischen Wirksamkeit und Herkunft des Einhornhorns. Der Universalgelehrte Athanasius Kircher erklärt in seinem umfangreichen Werk über die Arche Noach (Amsterdam 1675), dass niemand bezeugen könne, das Einhorn je gesehen zu haben, und das Tier daher in das Reich der Fabel zu verweisen sei. Auch sei aus demselben Grund die Behauptung falsch, das Einhorn sei nicht in die Arche aufgenommen worden und daher zu Grunde gegangen. In gewissem Widerspruch dazu steht eine der Illustrationen mit einem Stall für die Einhörner in der Arche.

Die „Deutsche Encyclopädie oder Allgemeines Real-Wörterbuch aller Künste und Wissenschaften" eröffnet in Band 8 (1783) den Einhornartikel mit folgendem Satz: „Es ist eine längst bekannte Sache, dass dieses Thier, welches die älteren Schriftsteller als eine Art Pferd mit einem langen geraden Horn auf der Stirne beschreiben, ein bloses Geschöpf der Phantasie sei."

Und 1827 bewies der französische Naturforscher und Begründer der Paläontologie Baron Georges Cuvier, dass Einhörner aus anatomischen Gründen nicht existiert haben können, da auf der Naht zwischen den beiden Stirnplatten von Paarhufern, zu denen auch das Einhorn gehört, kein Horn wachsen kann. Im Gegensatz dazu behauptet John Wilhelm von Müller, der Direktor des Königlichen Zoologischen Gartens in Brüssel, noch 1853 in einer Monografie aufgrund von Augenzeugenberichten und eigenen Beobachtungen „zur Genüge darthun zu können, dass es wirklich ein Einhorn, d. i. ein Thier mit einem unpaaren Horn gibt." Und in Herders Conversations-Lexikon von 1854 wird das Einhorn bezeichnet als „ein Thier, über dessen Existenz man bis jetzt noch nicht völlig im Gewissen ist." Es sei zwar den fabelhaften Tieren zugewiesen worden, doch würden neuere Nachrichten von Afrika-Reisenden wieder für die wirkliche Existenz sprechen. Doch scheine eine Verwechslung mit einer Antilopenart stattzufinden.

Der letzte Satz führt zu einer anderen Frage: Welche wirklichen Tiere dienten in der Antike und im Mittelalter als Vorlage für Einhornberichte? Es gibt nur Vermutungen über ausgestorbene oder heute noch lebende Tiere. So wurde immer wieder das Nashorn, insbesondere das indische Panzernashorn, ins Gespräch gebracht, obwohl hier das Horn auf der Nase und nicht auf der Stirn sitzt. Auch verschiedene Antilopenarten und hauptsächlich die Oryx-Antilope könnten eine Rolle gespielt haben, weil sich deren Hörner im Profil decken. Auch ist beobachtet worden, dass bei Antilopen an der Basis abgebrochene Hörner nicht mehr nachwachsen, sodass der Eindruck der Einhörnigkeit entsteht.

Für Erich Thenius vom Institut für Paläontologie in Wien entspricht die heute fast ausgerottete Suleiman-Schraubenziege Pakistans mit ihrem eng gestellten Doppelgehörn im Profil genau der ältesten antiken Einhornbeschreibung bei Ktesias. Ob ein fossiles, eiszeitliches Nashorn in Sibirien mitbestimmend war für die Einhornüberlieferung, ist sehr fraglich. Überhaupt wurden Fossilien der verschiedensten Tiere immer wieder mit dem Einhorn identifiziert, z. B. Stoßzähne von Elefanten oder Knochen von Höhlenbären. Die Fundorte wurden entsprechend als Einhornhöhlen bezeichnet; die bekannteste liegt im Harz.

Der Naturforscher Otto von Guericke, bekannt durch das Luftdruckexperiment mit den Magdeburger Halbkugeln, konstruierte ein Einhornskelett mit zwei Beinen und einem kräftigen Schwanz. Es war, wie sich inzwischen herausgestellt hat, zusammengesetzt aus fossilen Resten eines eiszeitlichen Mammuts und eines Huftieres, gefunden 1663 in einer Kalksteinhöhle bei Quedlinburg. Der berühmte Philosoph Gottfried Wilhelm Leibniz hat die Darstellung in seine 1749 postum erschienene Vorgeschichte der welfischen Lande übernommen.

Im 20. Jahrhundert wurden durch abstruse chirurgische Eingriffe einhörnige Tiere künstlich erzeugt. So führte der amerikanische Biologe Franklin Dove 1933 bei einem neugeborenen, männlichen Ayershire-Kalb eine Operation durch. Er verpflanzte die beiden Hornanlagen in die Stirnmitte, wo sie zu einem einzigen und geraden Horn zusammenwuchsen. Denselben Eingriff nahm der Cowboy Ray Fischer 1978 an einem Stier vor. Schließlich wurde 1985 in New York ein operierter Angora-Ziegenbock im Zirkus Ringling Brothers, Barnum und Bailey als Einhorn namens Lancelot vorgeführt.

Einhornskelett. Rekonstruktion von Otto von Guericke

Gegenüber der unübersehbaren symbolischen Bedeutung sind allerdings die Fragen, ob das Einhorn real existiert hat und ob es überhaupt gelebt haben kann, unwichtig. Im Mittelalter ist das Einhorn ein Zeichen für Christus und den einzelnen Christen, aber auch für den Heiden, den Teufel und den Tod. Es ist ein Sinnbild für Kraft, Stärke und Mut, aber auch für Zurückhaltung, Bescheidenheit und Sanftmut, einerseits für Keuschheit und andererseits für Wollust. Das Horn weist als Phallus-Symbol auf die männliche Potenz hin, wegen der Platzierung auf der Stirn auch im geistigen Sinn. Gerade die Vieldeutigkeit und Widersprüchlichkeit macht die Beschäftigung mit diesem „Tier, das es nicht gibt" (Rilke) so anziehend und aufregend. Gustav René Hocke bezeichnet in „Die Welt als Labyrinth" (1987) das Einhorn als eines der „faszinierendsten plurivalenten Symbole der europäischen Geistesgeschichte" (S. 231).

Der für seine Groteskendichtung bekannte Schriftsteller Christian Morgenstern (1871-1914) sieht das allerdings in dem postum in der Sammlung „Palma Kunkel" von 1916 erschienenen satirischen Gedicht „Das Einhorn" etwas anders:

Ray Fischer und sein einhörniger Stier, 1978

Das Einhorn lebt von Ort zu Ort
nur noch als Wirtshaus fort.

Man geht hinein zur Abendstund
und sitzt den Stammtisch rund.

Wer weiß! Nach Jahr und Tag sind wir
auch ganz wie jenes Tier

Hotels nur noch, darin man speist –
(so völlig wurden wir zu Geist).

Im „Goldnen Menschen" sitzt man dann
Und sagt sein Solo an …

Dargestellt wird das Einhorn seit der Antike in Beschreibungen und Abbildungen auf vielfache Art. Bald hat es die Gestalt eines Esels, Hirsches oder Widders, bald eines Ziegenbocks oder Rehs und überwiegend eines Pferdes. Auch Mischungen aus verschiedenen Tieren kommen vor (Körperbau eines Pferdes, Hirschkopf, Elefantenfüße und Eberschwanz). Das nach vorn, oben oder hinten gerichtete Horn wechselt häufig in Form, Länge und Farbe. Maßgebend wird im Lauf der Zeit die Form des gedrehten Narwalzahnes.

Drei verschiedene Einhornarten. Kupferstiche von Matthäus Merian d. Ä. Aus: Jan Jonston, Theatrum universale omnium animalium quadrupedum. Heilbronn 1755

Wann, wo, wie fing alles an?

Das Einhorn im alten China und im alten Indien

Die Herkunft des in vielen Kulturkreisen auftauchenden Einhorns ist teilweise noch ungeklärt. Die Vermutung, es habe bereits im Alten Orient, in Mesopotamien, bei den Assyrern und Babyloniern, bei den Persern und Ägyptern, bildliche Einhorndarstellungen gegeben, ist stark umstritten. Es geht dabei um die noch ungeklärte Frage, ob bei den eindeutig mit einem Horn wiedergegebenen Tieren wirklich Einhörner gemeint waren. Nach der so genannten Profiltheorie konnten oder wollten die Künstler bei der Ansicht im Profil das zweite Horn nicht zeigen.

Berühmte Beispiele sind der einhörnige Stier und der einhörnige Drache im babylonischen Ischtar-Tor (um 580 v. Chr.; im Pergamon-Museum in Berlin) und der mit einem Löwen kämpfende einhörnige Wildstier in den Palästen der Perserkönige Dareios I. und Xerxes in Persepolis (Hauptbauzeit 518-465 v. Chr.). Erschwert wird eine Entscheidung in allen diesen Fällen dadurch, dass aus dem Alten Orient keine schriftlichen Quellen über das Einhorn vorliegen.

Richten wir unseren Blick vom Vorderen in den Fernen Orient. Nach der altchinesischen Überlieferung soll schon vor rund 5000 Jahren dem mythischen Kaiser Fu Hsi ein einhörniges Tier begegnet sein, das Ch'i-lin (oder K'i-lin, japanisch Kirin), als Zeichen für eine friedvolle, glückliche Regierungszeit. Als der Kaiser meditierend am Gelben Fluss saß, tauchte das Tier aus dem Wasser auf wie ein Kalb, aber bedeckt mit glänzenden Schuppen und einem silbernen Horn auf der Stirn. Auf seinem Rücken trug es geheimnisvolle Zeichen und Symbole, die der Kaiser im Uferschlamm mit einem Stock aufzuzeichnen versuchte. Daraus sollen sich die chinesischen Schriftzeichen entwickelt haben.

Das in China in der Folgezeit nur etwa einmal in tausend Jahren erscheinende Ch'i-lin wird in der Regel beschrieben als Tier mit dem Körper eines Hirsches, dem Kopf eines Wolfes, den Hufen eines Pferdes oder mit fünf Zehen, den Schuppen eines Fisches und dem Schwanz eines Rindes oder eines buddhistischen Löwen.

Das spitze Horn des Männchens ist mit Fell und Fleisch bekleidet, während das Weibchen kein Horn trägt. Die fünf Farben seines Körpers (Blau, Rot, Gelb, Weiß und Schwarz) sind Symbole der fünf Elemente, aus denen nach chinesischer Auffassung jede Materie zusammengesetzt ist: Holz, Feuer, Erde, Metall

Ch'i-lin. Gräber der Ming-Dynastie (1368-1644) bei Peking.
Aufn.: Ulla Kulcke, Freiburg i. Br.

und Wasser. In seinem Namen steht Ch'i für das männliche und lin für das weibliche Tier entsprechend den Prinzipien der chinesischen Philosophie, dem männlichen schöpferischen Yang und dem weiblichen empfangenden Yin.

Das Ch'i-lin ist äußerst stark, aber sehr sanftmütig und geht mit allen Lebewesen sorgfältig und vorsichtig um. Es tritt weder auf lebende Tiere noch auf Gras oder Pflanzen, frisst kein Aas und trinkt auch kein unreines Wasser. Das Ch'i-lin zählt mit dem Drachen, dem Phönix und der Schildkröte zu den vier heiligen Tieren und ist König der 360 behaarten Tiere, d. h. aller Säugetiere, die es mit Milde, Güte und Gerechtigkeit regiert. In der Regel lebt es einsam und lässt auch seine wie eine Glocke tönende Stimme nur selten hören. Seine Lebenszeit soll bis zu 1000, ja sogar bis 2000 Jahre betragen. Es wurde als Sinnbild für Kindersegen, d. h. für die Geburt von Söhnen betrachtet und erschien daher auf Abbildungen in Frauengemächern und bei Hochzeitsglückwünschen.

Wie erwähnt, erschien das Ch'i-lin nur äußerst selten und kündigte jeweils einen weisen und besonders gütigen Herrscher an. Nach dem erstmaligen Erscheinen vor etwa 5000 Jahren soll es erst wieder im Jahre 2697 v. Chr. aufgetaucht sein. Im Leben des bedeutenden chinesischen Philosophen Konfuzius (551-479 v. Chr.), des größten chinesischen Weisen, spielte das Einhorn eine ganz wichtige Rolle: Wenige Tage vor seiner Geburt erschien es seiner Mutter mit einer Jadetafel, auf der die große Weisheit des Knaben angekündigt war. Und kurz vor seinem Tod erschien es ein zweites Mal. Zum letzten Mal soll das Ch'i-lin 1224 gesehen worden sein und den Mongolenherrscher Dschingis Chan von der Eroberung Hindustans abgehalten haben.

Die Frage nach der Herkunft des Ch'i-lin blieb ungeklärt. Als Ursprungstier kommt am ehesten der Hirsch in Frage, der in China auch zu den heiligen Tieren gehört. Da das Einhorn die Erde repräsentierte wie der Drache die Luft, der Phönix das Feuer und die Schildkröte das Wasser, so wurde vermutet, es komme aus dem Erdmittelpunkt.

Neben dem Ch'i-lin gab es in China das Hsieh-chai mit einem spitzen, langen Stirnhorn. Es besaß die Fähigkeit, Gut und Böse zu unterscheiden. Unter dem legendären Kaiser Shun trat es bei Gerichtsverhandlungen auf, um die Schuldigen mit seinem Horn zu durchbohren. So wurde das Einhorn zum Symbol der Gerechtigkeit, nicht nur in China, sondern auch anderswo in Ostasien wie Japan und Korea.

Eine ganze andere Vorstellung entwickelte sich im alten Indien. Dort findet sich die in verschiedenen Fassungen überlieferte Erzählung von dem überlisteten einhörnigen Asketen Rsyasrnga (Gazellenhorn) oder auch Ekasrnga (Einhorn). In dem 400 vor bis 300 nach Christus entstandenen altindischen Nationalepos Mahabharata, der ältesten Fassung, lautet sie folgendermaßen:

Ein in strenger Askese lebender Einsiedler kommt zu einem große See, in dessen Wasser er seinen Mund wäscht. Dabei erblickt er eine göttliche Nymphe, gerät in Erregung und lässt seinen Samen ins Wasser fallen. Eine Gazelle, eine

Tochter der Götter, leckt beim gierigen Trinken des Wassers den Samen auf und wird davon schwanger. Sie gebiert einen heiligen Menschen, auf dessen Stirn ein Horn wächst und der demzufolge unter dem Namen Rsyasrnga bekannt wird. Wie sein Vater (der einzige Mensch, den er kennt) lebt er in strenger Askese. In dem betreffenden Land Anga betrügt der König bewusst einen Brahmanen, woraufhin alle Brahmanen den Hof verlassen. Als Strafe verhängen die Götter über das Land eine Dürre, unter der die Untertanen große Not leiden. Die Brahmanen erklären, eine Änderung sei nur zu erwarten, wenn Rsyasrnga, der aufgrund seiner Frömmigkeit Macht über den Regen besitzt, an den Hof geholt werde. Das geht bei dem menschenscheuen Einsiedler nicht ohne List. Der König lässt daher eine Reihe von Hetären kommen, von denen nur eine bereit ist, den Asketen zu verführen und in das Königreich zu locken. Auf einem Floß richtet sie eine von vielen künstlichen Blumen und Früchten geschmückte schwimmende Einsiedelei ein und sendet ihre Tochter, ebenfalls eine geübte und schlaue Hetäre, los. Diese naht sich dem Asketen als bußwilliger Jüngling und betört ihn mit wohl riechenden Blumengewinden, farbigen Gewändern und köstlichen Getränken. Vor seinen Augen spielt sie mit einem Ball, berührt seinen Leib und schließt ihn immer wieder in die Arme. Die Warnung des Vaters an den liebestrunkenen und außer sich geratenen unerfahrenen Sohn, es handle sich um Dämonen mit der Absicht, die asketischen Übungen zu stören, fruchtet nichts. Er lässt sich in seiner Tollheit von der Hetäre auf das Floß locken und an den Königshof bringen. Sobald er dort in dem Frauengemach ist, fällt der befruchtende Regen überreichlich. Und der König, dessen höchster Wunsch damit erfüllt ist, gibt Rsyasrnga seine Tochter Santa zur Frau. Der wütende Asketen-Vater will daraufhin in seinem Zorn den König, die Stadt und das ganze Land verbrennen. Doch als er seinen Sohn sieht, der dem Gott Indra im Himmel gleicht, und seine Schwiegertochter, die aussieht wie ein niederfahrender Blitz, sowie die unermesslichen Reichtümer der beiden, besänftigt er sich. Gehorsam kehrt Rsyasrnga später mit seiner Frau in die Einsiedelei zurück.

Von der ältesten Fassung der Legende im Mahabharata-Epos sind die anderen hinduistischen Varianten abhängig. In allen wird die totale Unwissenheit des Asketen hinsichtlich des weiblichen Geschlechts betont. Doch steht die Erlangung des Regens im Vordergrund gegenüber gewissen Formen der Askese. Der Kern der Erzählung ist ein Mythos, der in der Verbindung von Mann und Frau die Befruchtung der Erde durch den Regen zum Ausdruck bringt.

Die buddhistischen Versionen sind gegenüber den hinduistischen sekundär. Hier ist die Königstochter selbst die Verführerin, und steht die Warnung vor der Gefährlichkeit der Frauen im Vordergrund. In einer der Formen identifiziert Buddha die einzelnen Personen der Erzählung mit damals Lebenden und sich selbst mit dem Einhornasketen.

Die indische Legende von der Entführung und Verführung des Asketen, taucht, wie allgemein vermutet wird und wie wir noch sehen werden, im

Abendland wieder auf, im Physiologus, allerdings mit dem gravierenden Unterschied, dass der einhörnige Einsiedler durch ein Einhorn ersetzt wird.

Das Einhorn spielte auch in späterer Zeit im Orient eine gewisse Rolle. Durch viele Bildzeugnisse des 9. bis 18. Jahrhunderts und auch durch schriftliche Quellen kennen wir das islamische Einhorn Karkadann in Persien und Arabien. Es kommt vor allem in zahlreichen Handschriftenminiaturen vor. Es soll sehr stark und wild gewesen sein und hauptsächlich mit dem Elefanten gekämpft haben. Teilweise ist es auch mit Flügeln dargestellt.

Karkadann. Zeichnung nach einem irakischen Manuskript des 13. Jahrhunderts in der British Library, London

Die Vorstellungen der Antike

Berichte von griechischen und römischen Schriftstellern

Durch die antiken Schriftsteller wurde das Einhorn in Europa bekannt. Der älteste Bericht stammt von dem aus Knidos stammenden Griechen Ktesias, der von 401-393 v. Chr. als Leibarzt der persischen Königin Parysatis am Hof von Artaxerxes II. lebte. Um 398 v. Chr. verfasste er die in verschiedenen Fassungen überlieferte Schrift „Indika", eine fantasievolle Reiseerzählung über Indien, wo er sich nie aufhielt. Der Passage über das Einhorn können wir Folgendes entnehmen:

In Indien gibt es Wildesel, die den Pferden gleichen, aber größer sind. Ihr Körper ist weiß, der Kopf purpurrot, die Augen dunkelblau. Sie tragen auf der Stirn ein spitzes Horn von eineinhalb Ellen Länge. Abgeschabte Teile des Horns in einem Getränk schützen vor Giften. Der untere Teil des Hornes ist weiß, der obere Teil purpurrot, der mittlere schwarz. Wer aus den Bechern trinkt, die man aus diesem Horn fertigt, wird weder von Magenkrämpfen befallen noch von der heiligen Krankheit (Epilepsie), und auch Gift kann ihm nicht schaden. Im Gegensatz zu anderen Eseln, wilden wie zahmen, und im Gegensatz zu anderen einhufigen Tieren, hat der einhörnige indische Wildesel Sprunggelenke.

Ktesias erwähnt des weiteren, dass das Einhorn nicht leicht zu jagen sei, weil es bei der Verfolgung erst etwas langsam laufe und dann immer schneller werde. Auch lasse es bei einer Bedrohung seine Jungen nicht im Stich, sondern wehre sich durch Horn- und Fußstöße und Beißen mit den Zähnen und töte viele Pferde und Menschen. Es sei nur mit Pfeilschüssen oder Wurfgeschossen zu erlegen. Lebendig könne es nicht gefangen werden. Sein Fleisch sei wegen der Bitterkeit ungenießbar. Woher Ktesias seine Informationen bezog, wissen wir nicht. Er muss in Persien entstellte Reiseberichte vom indischen Nashorn übernommen und sie ausgeschmückt haben. Inwiefern ein von Dritten in der Natur gesehenes reales Tier oder Tierdarstellungen als Vorlage dienten, bleibt Spekulation.

In seiner Schrift über die Tiere greift Aristoteles (384-322 v. Chr.) mit einem gewissen Vorbehalt und, ohne auf die Gift abwehrende Wirkung des Horns einzugehen, auf Ktesias zurück. Wichtig ist für ihn der Gleichklang von Einhufigkeit und Einhörnigkeit.

Um 300 v. Chr. unternahm der Grieche Megasthenes mehrfach im Auftrag des Seleukidenherrschers Seleukos I., König von Syrien, Gesandtschaftsreisen an

Einhornjagd in Indien. Kupferstich von Johannes I. Collaert (1566-1628) nach Jan van der Straet (1523-1605)

den Hof des damaligen indischen Königs. In seinem vierbändigen Werk über Indien beschreibt er das dort Kartazoon genannte Einhorn wie folgt: Groß wie ein Pferd, mit dem Kopf eines Hirsches, den Füßen eines Elefanten und dem geringelten Schwanz des Schweines; mit scharfem, spitzem und gewundenem schwarzen Horn zwischen den Brauen; von großer Stärke, streitsüchtig gegenüber Artgenossen, doch verträglich gegenüber anderen Tieren; mit lauter, misstönender Stimme. Auch hier ist ungewiss, aus welchen Quellen Megasthenes schöpfte.

In dem nicht auf den römischen Feldherrn und Staatsmann Gaius Julius Cäsar (100-44 v. Chr.) selbst zurückgehenden Teil des „Gallischen Krieges" wird ein einhörniges Rind von der Gestalt eines Hirsches im Herkynischen Waldgebirge (wohl dem Harz) geschildert. Wissenschaftler bezeichneten das als klassisches Jägerlatein.

Die römischen Schriftsteller Plinius d. Ä. (23-79 n. Chr.), Claudius Aelianus (175-235 n. Chr.), der griechisch schrieb, und C. Julius Solinus (3. Jahrhundert n. Chr.) schöpften bei ihren Berichten über das Einhorn teilweise aus Ktesias und vor allem aus Megasthenes, deren Vorstellungen später auch direkt oder indirekt auf das Mittelalter einwirkten. Plinius und Solinus verwechseln übrigens das Einhorn nicht mit dem Nashorn, dem sie eigene Abschnitte widmen.

Die Frage, ob es in der griechisch-römischen Antike bildliche Darstellungen von Einhörnern gegeben habe, wurde bisher in der Forschung weit gehend negativ beantwortet. Jürgen Werinhard Einhorn kommt allerdings in der bereits im Vorwort genannten Zweitauflage seiner Dissertation „Spiritalis unicornis" (1998) zu einem gegenteiligen Ergebnis. Er verweist (S. 59) auf eine bronzene Matrize zur Herstellung von Becherverzierungen aus Thrakien, der östlichen Balkanhalbinsel (5. Jahrhundert v. Chr.), auf ein Relief in einem Felsengrab in Kalekapi im kleinasiatischen Paphlagonien (frühestens Anfang 4. Jahrhundert v. Chr.) und auf eine Wandmalerei in einer Grabanlage in Marissa/Israel (um 200 v. Chr.).

Das Vorkommen des Tieres in der Bibel

Wie kam das Einhorn in die Bibel oder genauer gefragt: Wie kam das Einhorn in das Alte Testament? Das ist eine spannende Geschichte.

In der hebräischen Bibel findet sich nirgendwo ein Einhorn. Und auch in modernen Bibelübersetzungen sucht man vergebens danach. Nehmen wir die Einheitsübersetzung, die 1980 im Auftrag der katholischen Bischöfe des deutschen Sprachraums und für die Psalmen und das Neue Testament auch im Auftrag des Rates der Evangelischen Kirche in Deutschland herausgegeben wurde. Wer darin blättert, stößt auf den Stier, den Wildstier oder den Büffel. Doch kommt das einhörnige Tier in verschiedenen älteren Bibelübersetzungen – von der Septuaginta über die Vulgata bis über Luther hinaus – mehrfach vor. Der Wildstier, Stier oder Büffel der modernen Übersetzungen heißt in der hebräischen Bibel der Juden (von den Christen Altes Testament genannt) „Re'em". Bei der vom 3. bis 1. Jahrhundert v. Chr. für die griechisch sprechenden Juden Ägyptens und des Mittelmeerraums angefertigten Übersetzung dieser Bibel ins Griechische, der so genannten Septuaginta, wurde aus dem Re'em ein Monokeros, also ein Einhorn. Von welchen Vorstellungen die Übersetzer (angeblich 72 jüdische Gelehrte auf der Insel Pharos bei Alexandria) dabei geleitet wurden, ist unklar. Ob sie Berichte von griechischen Schriftstellern oder aus Indien kannten, wissen wir nicht. Jedenfalls kam das Einhorn durch einen Übersetzungsfehler (so wie wir es heute sehen) zunächst in die jüdische und danach auch in die christliche Bibel. Denn in der Vulgata, der von Hieronymus seit 383 n. Chr. erarbeiteten und von der katholischen Kirche auf dem Konzil von Trient 1546 für maßgeblich erklärten lateinischen Bibelübersetzung, erscheint an den besagten Stellen statt des Monokeros einmal Monoceros und sonst Rinoceros (Nashorn) oder Unicornis (Einhorn). Die synonyme Verwendung beider Begriffe zur Beschreibung eines einhörnigen Tiers in Pferdegestalt war dann das ganze Mittelalter hindurch üblich und bewirkte viele Unklarheiten. Was tat nun Martin Luther bei seiner Bibelübersetzung ins Deutsche? Er wählte an den entsprechenden Stellen durchweg das Wort Einhorn, das bis ins 20. Jahrhundert hinein in der Lutherbibel erhalten blieb. Luther stand damit in einer langen Tradition: Angefangen von den Psalmenübersetzungen ins Deutsche und in andere Volkssprachen seit dem ausgehenden ersten Jahrtausend bis zu den seit 1466 gedruckten deutschen Bibeln vor Luther. Und auch nach Luther taucht das Einhorn teilweise bis ins 19. Jahrhundert in zahlreichen europäischen Bibelübersetzungen auf.

Welche Stellen sind nun gemeint?

Sie stammen aus den Büchern Numeri und Deuteronomium, aus Ijob und Jesaja sowie aus einigen Psalmen (zitiert nach der Taschen-Ausgabe der Bibel von 1910, herausgegeben von der Privilegierten Württembergischen Bibelanstalt).

1. Gott hat sie aus Ägypten geführt; seine Freudigkeit ist wie eines Einhorns (Num 23,22 und 24, 8).
2. Seine Herrlichkeit ist wie eines erstgebornen Stiers, und seine Hörner sind wie Einhornes Hörner; mit denselben wird er die Völker stoßen zuhauf bis an des Landes Enden (Dtn 33, 17).
3. Meinst du, das Einhorn werde dir dienen und werde bleiben an deiner Krippe? Kannst du ihm dein Seil anknüpfen, die Furchen zu machen, dass es hinter dir brache in Tälern? Magst du dich auf das Tier verlassen, dass es so stark ist, und wirst es dir lassen arbeiten? Magst du ihm trauen, dass es deinen Samen dir wiederbringe und in deine Scheune sammle? (Ijob 39, 9-12).
4. Hilf mir aus dem Rachen des Löwen und errette mich von den Einhörnern! (Ps 22, 22). (Vulgata: Ps 21, 22).
5. Die Stimme des Herrn zerbricht die Zedern, der Herr zerbricht die Zedern im Libanon. Und machet sie lecken (hüpfen) wie ein Kalb, den Libanon und Sirion wie ein junges Einhorn (Ps 29, 5-6). (Vulgata: Ps 28, 5-6).
6. Aber mein Horn wird erhöhet wie eines Einhorns … (Ps 92, 11). (Vulgata: Ps 91, 11).
7. Des Herrn Schwert ist voll Bluts und dick vor Fett, vom Blut der Lämmer und Böcke, von der Nieren Fett aus den Widdern; denn der Herr hält ein Schlachten zu Bozra und ein großes Würgen im Lande Edom. Da werden die Einhörner samt ihnen herunter müssen und die Farren samt den gemästeten Ochsen (Jes 34, 6-7). Hier steht in der Septuaginta nicht Monokeros, sondern Hadros (starkes Tier).

Das Einhorn steht hier als Symbol für Kraft und Stärke, für die Macht Gottes (Num 23, 22 bzw. 24, 8; Ps 29, 6), für die Segensfülle des Stammes Joseph (Dtn 33, 17) und des Gerechten (Ps 92, 11) sowie für eine unbändige Gewalt (Ijob 39, 9; Jes 34, 6-7), die auch bedrohlich sein kann (Ps 22, 22). Übrigens hat sich durch einen Lesefehler, den Luther vermieden hat, in der Septuaginta (Ps 78, 69) bzw. der Vulgata (Ps 77, 69) noch ein Einhorn eingeschlichen.

Die Fehlübersetzung der Septuaginta und der Vulgata hatte Folgen: Zahlreiche Kirchenväter beschäftigen sich in ihren Bibelkommentaren mit dem Einhorn als Symbol. Dabei lassen sich fünf Themengruppen unterscheiden: Das Einhorn wird gesehen als Sinnzeichen des Kreuzes (Justinus Martyr, Tertullian); als Symbol für Christus, das Wort Gottes, den eingeborenen Sohn des Vaters (Ambrosius); als Bild für Patriarchen, Propheten und Christen als denjenigen, die an den einen Gott glauben (Augustinus); als Sinnbild der Einheit des Glaubens (ebenfalls Augustinus); schließlich als Bild für Gottfeinde (Heiden, Juden) und böse Mächte (Hieronymus, Papst Gregor d. Gr.).

In den ersten christlichen Jahrhunderten gibt es keine Bildzeugnisse für das Einhorn. Dagegen kommen in frühmittelalterlichen Psalter- und Evangelienhandschriften Illustrationen zu einzelnen der genannten Bibelstellen vor. Hervorzuheben sind der Stuttgarter Psalter und der Utrechter Psalter. Bei dem Stuttgarter Psalter handelt es sich um eine in der ersten Hälfte des 9. Jahrhunderts in einem französischen Skriptorium (wahrscheinlich in Saint-Germain-des-Prés, heute Paris) entstandene und reich illustrierte Pergamenthandschrift des lateinischen Psalters, die sich jetzt in der Württembergischen Landesbibliothek in Stuttgart befindet (Ms. bibl. 2° 23). Ebenfalls lateinisch ist der aus der Reimser Schule stammende, um 830 oder 850 im Skriptorium der Benediktinerabtei St. Pierre in Hautvillers (Champagne) entstandene und mit zahlreichen Federzeichnungen illustrierte Utrechter Psalter, jetzt in der Universitätsbibliothek Utrecht (Ms. 32). In beiden Handschriften sind die Bedrohung aus Ps 22, 22 und die Erhöhung von Ps 92, 11 dargestellt.

Die einzige Stelle, an der schon in der hebräischen Bibel von einem einhörnigen Tier die Rede ist, das aber nicht als Einhorn bezeichnet wird, findet sich in einer Vision des Propheten Daniel: „Und indem ich darauf merkte, siehe, so kommt ein Ziegenbock vom Abend her über die ganze Erde, dass er die Erde nicht berührte; und der Bock hatte ein ansehnliches Horn zwischen seinen Augen" (Dan 8,5). In der nachfolgenden Deutung wird in Vers 21 der Ziegenbock auf Alexander d. Gr. bezogen, lange Zeit nach dessen Auftreten.

Illustration zu Ps 92, 11 aus dem Stuttgarter Psalter, fol. 108v (Symbol für die Segensfülle des Gerechten)

Die Meinung des „Naturkundigen"
Der Physiologus und die Bestiarien

Neben der Bibel spielt eine andere Schrift eine wichtige Rolle für das Eindringen des Einhorns in die Vorstellungswelt des christlichen Abendlandes: der Physiologus (der Naturkundige).

Es handelt sich um ein wahrscheinlich in Alexandria zwischen dem 2. und 4. Jahrhundert in griechischer Sprache geschriebenes Buch, das in der Folgezeit eine weite Verbreitung durch eine Vielzahl von Bearbeitungen und Übersetzungen erfuhr und damit die Geistesgeschichte des Abendlandes stark beeinflusst hat. Es enthält in ursprünglich 48 Kapiteln naturkundliche Beschreibungen von wirklichen und sagenhaften Tieren (und wenigen Pflanzen und Mineralien) und daran anschließend jeweils eine christlich-allegorische Ausdeutung. Bekannt ist

Jungfrau und Einhorn aus dem Berner Physiologus (lateinische Handschrift, 9. Jahrhundert; ms. 318 der Burgerbibliothek in Bern, fol. 16v)

die Geschichte von dem tot geborenen Löwenjungen, das durch den Atem des männlichen Löwen nach drei Tagen zum Leben erweckt wird und damit als Symbol für die dreitägige Grabesruhe und die Auferstehung Jesu Christi dient.

Ein Sinnzeichen für Christi Auferstehung und die Auferstehung von den Toten ist auch der verbrannte und sich unversehrt aus der Asche wieder erhebende indische Vogel Phönix. Das theologisch nicht hoch stehende, populärwissenschaftliche Werk entfaltete durch die lateinische Fassung und vor allem durch die volkssprachlichen Übersetzungen mit seinen Allegorien eine breite Wirkungsgeschichte bei allen zum Christentum bekehrten Völkern und wurde auch lange als naturwissenschaftlich autoritativ angesehen. Das Kapitel 22 ist dem Einhorn gewidmet und enthält (in einer späteren Version) folgende Texte:

„Der Psalmist sagt: ‚Und es wird erhöht werden mein Horn wie das eines Einhorns' [Ps 92, 11]. Der Physiologus sagt von ihm, dass es eine solche Eigenart hat: Es ist ein kleines Tier wie ein Böckchen, friedlich ist es und ganz sanft, doch der Jäger kann ihm nicht nahe kommen, weil es gar so stark ist. Ein Horn hat es mitten auf der Stirn. Wie jagt man es nun? Eine reine Jungfrau setzt man ihm in den Weg, und es springt ihr in den Schoß, und sie streichelt das Tier und führt es in den Palast des Königs.

Deutung: Das Tier wird auf die Person des Heilands gedeutet. Denn er hat aufgerichtet ein Horn im Hause Davids, unseres Vaters, und ein Horn des Heils ist er uns geworden. Nicht konnten Engel und Mächte seiner Herr werden, sondern er nahm Wohnung im Leibe der wahrhaftig reinen Jungfrau Maria. ‚Und das Wort ward Fleisch und wohnte unter uns' [Jo 1,14].

Es gibt ein Tier, das wird Einhorn genannt. In jener Gegend, wo es wohnt, ist ein großer See, dorthin kommen die Tiere zum Trinken. Ehe aber die Tiere kommen können, zieht die Schlange aus und speit ihr Gift in das Wasser. Die Tiere nun, die wissen, dass das Gift im Wasser ist, trauen sich nicht zu trinken. Sie warten auf das Einhorn. Es kommt und geht sogleich in den See hinein und schlägt ein Kreuz mit seinem Horn und lässt die Wirkung des Giftes verschwinden. Und nachdem das Einhorn getrunken hat, trinken auch alle anderen Tiere.

Seine zweite Eigenart ist diese: Das Tier, das Einhorn meine ich, liebt sehr die Lustigkeit. Was machen nun die Leute, die es jagen wollen? Sie nehmen mit sich Becken, Trompeten, Gitarren und was sich Menschen sonst noch ausgedacht haben. So ziehen sie zu dem Platz, wo das Tier ist, und treten zu einem Reigentanz an, spielen die Trompeten und was sie sonst noch haben und singen ganz laut im Chor. Eine Frau aber setzen sie an einen anderen Fleck an einen Baum in der Nähe, schmücken sie und geben ihr eine Kette, deren Ende an dem Baum festgebunden ist. Das Einhorn, das das laute Getöse von Menschenstimmen und Trompeten hört, geht nahe an den Chor heran und guckt und horcht, was sie tun, traut sich aber nicht, ihnen ganz nahe zu kommen. Wenn es aber die schlafende Frau allein erblickt, springt es eilends auf sie zu und reibt sich an ihren Knien. Die Frau liebkost es und bringt es zum Einschlafen. Dann fesselt sie es mit der Kette am Horn und verlässt es so. Das Einhorn aber erwacht und kann

Wasserentgiftung durch das Einhorn aus der Bibel des Herzogs Borso d'Este (lateinische Handschrift, Ferrara, 1461, ms. V. G. 12 der Biblioteca Estense in Modena, Bd 2, fol. 233v)

nicht mehr weg, da es ja von der Kette gehalten wird, quält sich sehr, lässt schließlich sein Horn fahren und entkommt so. Und dann nehmen das die Jäger. Es ist ein sehr nützliches Gegenmittel gegen die Schlangen und ihr Gift."

Der erste Abschnitt entspricht der für den Physiologus typischen Erzählweise: Auf das Schriftzitat folgt die naturkundliche Information und schließlich die christliche Ausdeutung. Im Mittelpunkt steht der Fang des Einhorns durch eine reine Jungfrau und die Ausdeutung auf die Menschwerdung Christi. Dies fand eine breite Ausprägung in der so genannten mystischen Einhornjagd, wie noch auszuführen sein wird. Der zweite Abschnitt bringt ein neues Motiv ins Spiel, und zwar die Entgiftung des Wassers durch das Horn des Einhorns, während im dritten Abschnitt beide Motive erneut aufgegriffen werden. Woher die Motive stammen, ist schwer zu sagen. Die Vermutung, dass die Entgiftung auf Ktesias bzw. eine von ihm abhängige Quelle zurückgeht, ist allerdings nicht ganz von der Hand zu weisen. Und der Fang durch die Jungfrau dürfte auf die oben ausgeführte indische Einhornlegende zurückgehen. Darauf deutet die Schilderung von Reigentanz und Musik und die Freude des Einhorns an der Lustigkeit. Auch lassen sich im Physiologus an anderen Stellen Spuren indischer Herkunft nachweisen. Welchen Weg allerdings die Rsyasrnga-Legende nahm und wie aus dem einhörnigen Asketen ein kleines Tier wie ein Böckchen wurde, ist unbekannt. Bei den bereits erwähnten griechischen und römischen Schriftstellern ist jedenfalls nichts davon zu finden.

Entscheidend war aber für beide Motive eine sich über Jahrhunderte erstreckende Nachwirkung. Die Kirchenväter ließen bei ihrer Exegese der Schriftstellen über das Einhorn den Physiologus zunächst außer Betracht, offenkundig wegen des geringen theologischen Tiefgangs. Erst bei Gregor d. Gr. (um 540-604) und Isidor von Sevilla (um 560-633) wird die Tradition des „Naturkundigen" greifbar. Isidor berichtet in den Etymologien, einer Enzyklopädie des Wissens seiner Zeit, auch unter Rückgriff auf antike Quellen ausführlich über das Einhorn. Sein vier Fuß langes Horn auf der Stirn sei so spitz und stark, dass es alles, was es angreife, erzittern lasse oder durchbohre. Isidor erwähnt dabei besonders den häufigen Streit mit den Elefanten, die durch einen Stoß in den Bauch niedergestreckt werden, und weist speziell auf die Möglichkeit hin, das im Schoß der Jungfrau eingeschlafene wilde und starke Tier zu fangen. Auf Gregor und Isidor fußen dann spätere Theologen und Enzyklopädisten des Mittelalters bis hin zu dem Kirchenlehrer Albert d. Gr. (um 1200-1280) mit seinem Tierbuch.

Der Physiologus hat aber auch unabhängig von der theologischen Tradition durch unzählige Übersetzungen in vorderasiatische Sprachen und über das Lateinische in die europäischen Volkssprachen (seit dem 11./12. Jahrhundert) eine weite Verbreitung erfahren, vor allem auch durch die sich aus ihm seit dem 10. Jahrhundert entwickelnden Bestiarien. Es sind Sammlungen teilweise naturnaher und teilweise fabulöser, moralisierender didaktischer Tiergeschichten, die sich mehr und mehr von dem christlichen Hintergrund ablösen. Im Einhornkapitel bekommt die Begegnung mit der Jungfrau einen starken erotischen Charakter. Angelockt durch den Geruch der Jungfrau saugt das Einhorn Milch aus ihren Brüsten und senkt das Horn in ihren Schoß, in dem es einschläft. Auf der anderen Seite spielt die Tötung des durch die Jungfrau betäubten Tiers durch den oder die Jäger eine zunehmend wichtige Rolle.

Das Einhorn allein oder mit Jungfrau ist in einer Fülle von mittelalterlichen griechischen, lateinischen und volkssprachlichen Handschriften dargestellt.

Jungfrau mit Einhorn und Jägern aus einem lateinischen Bestiarium (Handschrift; England, um 1210; ms. Ashmole 1511 der Bodleian Library in Oxford, fol. 14v)

Erschaffung der Welt und Sintflut

Das Einhorn in Bilddarstellungen und Texten zur biblischen Urgeschichte

Erschaffung der Tiere aus dem Hortus deliciarum (1175/91), fol. 8v

Wie gezeigt wurde, kam das Einhorn durch einen Übersetzungsfehler in die jüdische und dann auch in die christliche Bibel. Es handelt sich um Stellen aus den Büchern Numeri und Deuteronomium, aus Ijob und Jesaja sowie aus einigen Psalmen. In der Schöpfungsgeschichte sowie in der Sündenfall- und Sintfluterzählung der Bibel kommt ein entsprechendes Tier nicht vor. Dagegen betrachten zahlreiche literarische und bildliche Zeugnisse des Mittelalters das Einhorn ganz selbstverständlich als zum Paradies gehöriges Tier. So wird in eindrucksvollen bildlichen Darstellungen das Einhorn als erstes Tier präsentiert, dem Adam einen Namen gibt.

Auf dem Schöpfungsteppich der Kathedrale von Gerona in Spanien aus dem Anfang des 12. Jahrhunderts zeigt Adam mit ausgestreckter Hand auf das

Einhorn. Und auf einem flämischen Wandteppich des 16. Jahrhunderts in der Accademia in Florenz marschiert das Einhorn an der Spitze einer Prozession von Vierbeinern, die zur Namensgebung an Adam vorbeiziehen.

In vielen künstlerischen Darstellungen, vor allem in Werken der Buch-, Wand- und Tafelmalerei sowie auf Holzschnitten und Kupferstichen, ist das Einhorn bei der Erschaffung der Tiere und des Menschen, bei der Zusammenführung von Adam und Eva und beim Sündenfall zugegen. Meist ist das Einhorn dabei ein Tier unter anderen Tieren; doch manchmal befindet es sich an zentraler Stelle in der Nähe des Schöpfers oder direkt hinter Eva.

Eine der ältesten Handschriftenillustrationen ist eine Zeichnung im Hortus deliciarum der Äbtissin Herrad von Landsberg. Die zwischen 1175 und 1191 im Elsass entstandene Originalhandschrift ist 1870 in Straßburg verbrannt, doch in Nachzeichnungen erhalten. Bei der Erschaffung der Tiere erscheint das Einhorn unter Vögeln, Fischen, Reptilien, Amphibien und Säugetieren mit geöffnetem Maul. Ganz anders ist die Darstellung in der ältesten datierten Handschrift der Universitätsbibliothek Freiburg (Hs. 374). Es handelt sich um eine lateinische Bibel, die 1295 auf der Burg Wasserburg am Bodensee geschrieben wurde. Darin findet sich eine Schmuckinitiale, auf der zu Beginn des Buches Genesis in sieben übereinander liegenden Medaillons die Schöpfung illustriert ist. Im fünften Medaillon von oben ist der Schöpfer von einem Einhorn, einem Löwen, einem Hirsch, einem Hasen und einem Rind umgeben.

In der so genannten Wiener Genesis, einer etwa um 1060 entstandenen deutschen Bibeldichtung (heute als Handschrift 2721 in der Österreichischen Nationalbibliothek in Wien) wird das Einhorn ganz selbstverständlich zu den Tieren des Paradieses gerechnet:

Erschaffung der Landtiere. Medaillon der Schöpfungsinitiale einer lateinischen Bibelhandschrift von 1295 (Hs. 374 der Universitätsbibliothek Freiburg i. Br., fol. 3v)

> „Als er (Adam) das alles sah,
> sagte Gott zu ihm:
> ‚Du sollst an meiner Stelle
> all dies behüten,
> du sollst über alles davon Herr sein.
> Was brauchst du dann noch mehr?
> Alle Dinge respektieren dich
> genau wie mich.
> Nichts ist so schrecklich,
> dass es nicht vor dir zurückschreckt.
> Weder Löwe noch Einhorn
> soll seinem Zorn nachgeben;
> sobald er dich sieht oder hört,
> soll er seine Wildheit ablegen.
> Sei du mir untertan,
> dann kann dir nichts Widerstand leisten.'"

(Vers 425-440. Übersetzung aus dem Mittelhochdeutschen durch Konrad Kunze)

Das Paradies (Detail) von Lucas Cranach d. Ä. (Dresden, Gemäldegalerie Alte Meister)

Im Spätmittelalter und noch bis in die frühe Neuzeit hinein erscheint das Einhorn in Paradies- und Schöpfungsdarstellungen bedeutender Maler. So bei dem führenden Maler und Grafiker der deutschen Renaissance Lucas Cranach d. Ä. (1472-1553). 1530 fertigte er zwei etwas differierende Tafelbilder „Das Paradies". Auf dem einen (in Wien im Kunsthistorischen Museum) gehört zu den

Paradiesestieren ein Einhornpaar, während beim anderen (in der Gemäldegalerie Alte Meister in Dresden) das Einhorn halb verdeckt am rechten Bildrand zu sehen ist. Auf die Paradiesdarstellung des Niederländers Hieronymus Bosch wird später noch eingegangen.

Der Maler, Zeichner und Grafiker Hans Baldung, genannt Grien (1484/85-1545), neben Grünewald der bedeutendste oberrheinische Meister der Renaissance, der Schöpfer des Hochaltars im Freiburger Münster, stammte aus Schwäbisch Gmünd und übernahm mit seiner Familie von dieser Stadt das Einhorn als Wappentier. Davon wird noch an anderer Stelle die Rede sein. Hier interessiert uns ein Gemälde von ihm, auf dem das Einhorn bei der Erschaffung der Tiere und Menschen direkt dem Schöpfer gegenüberhockt. Die um 1532/33 angefertigte, im Angermuseum in Erfurt befindliche Holztafel ist mit ziemlicher Sicherheit ein Seitenflügel einer astronomischen Uhr.

Ganz anders als bei Baldung ist die um 1519 vollendete Deckenmalerei des Schöpfungswerkes mit Einhorn in den Stanzen des Vatikans durch den italienischen Maler und Architekten Raffael (1483-1520), einen der bedeutendsten Künstler der Hochrenaissance. Auf dem Bild mit vielen Tieren steht dem Einhorn eine Giraffe mit einem Horn gegenüber.

In einer dramatisch bewegten Schöpfungsszene „Die Erschaffung der Tiere" hat der italienische Maler Jacopo Robusti, genannt Tintoretto (1518-94), auf einem Ölgemälde auch das Einhorn nicht vergessen, dessen Kopf am rechten oberen Bildrand auftaucht. Das um 1550 entstandene, zu einem Genesis-Zyklus gehörende Werk wird heute von der Accademia in Venedig verwahrt. Tintoretto war einer der wichtigsten Maler des Cinquecento (des 16. Jahrhunderts) in Venedig.

Schließlich finden wir das Einhorn auch bei dem bedeutenden in Basel geborenen Kupferstecher und Frankfurter Verleger Matthäus Merian d. Ä. (1593-1650) auf Kupferstichen, mit denen er in der Straßburger Ausgabe der deutschen Lutherbibel von 1630 die Schöpfung und den Sündenfall illustrierte. Bekannt sind seine Städtebilder und seine Illustrationen zu dem zeitgeschichtlichen Monumentalwerk „Theatrum Europaeum".

Die Rolle des Einhorns im Paradies und beim Sündenfall erhellt aus einer Legende, die bei Aleke Thuja (Dem Einhorn auf der Spur, 1984, S. 29f.) ohne Quellenangabe abgedruckt ist: „Gott forderte Adam auf, die Tiere zu benennen. Alle Kreaturen versammelten sich um ihn: jene, die auf dem Lande wohnten, die Bewohner der Lüfte und des Wassers; Tiere mit zwei oder mehr Beinen, mit buschigen Schwänzen und jene, die im Dunklen zu sehen vermochten. Alle waren sie gleichwertig, und Adam war nur einer von ihnen. Erst als er begann, sie mit Namen zu belegen, wandte er sich von ihnen.

Das Einhorn im Paradies. Holzschnitt aus: Johann Joachim Becher, Parnassus medicinalis illustratus. Ulm 1663

Das erste Tier, dem er einen Namen gab, war das Einhorn. Als Gott den Namen hörte, kam er hernieder und berührte die Spitze des einzigen Hornes, das diesem Tier auf der Stirn wuchs. Von da an war das Einhorn erhöht über die anderen Tiere.

Adam und Eva konnten auf seinem Rücken reiten. Alle Tiere und das Menschenpaar lebten in Frieden miteinander, bis zu jenem Tage, als Adam und Eva von der verbotenen Frucht aßen. Sie probierten die Früchte der Erkenntnis, fingen an, sich zu schämen und mit dem Laub der Blätter zu bekleiden. Gott war erzürnt über ihre Tat und vertrieb sie aus dem Garten Eden. Zwei Cherubine mit flammenden Schwertern bewachten fortan den Eingang.

Gott gab dem Einhorn die Wahl, im Paradiese zu bleiben oder Adam und Eva zu begleiten, dorthin, wo Pest und Kriege herrschen, die Kinder unter Schmerzen geboren werden und alles Leben sterblich ist. Das Einhorn folgte Adam und Eva. Für sein Mitleid wurde das Einhorn mit besonderen Gaben gesegnet. Wählte es doch aus Liebe den schweren Weg der Menschen und blieb nicht an jenem Ort der Schönheit und Freude."

Über das Schicksal des Einhorns in der Sintflut existieren unterschiedliche Überlieferungen. In Buchmalereien, auf Kupferstichen sowie auf Fresken und Gemälden zieht das Einhorn in die rettende Arche ein oder schaut aus einem Fenster der Arche heraus. Dabei erscheint es – dem Auftrag an Noach nach paarweisem Einzug der Tiere in die Arche entsprechend – als Paar, aber auch einzeln. In einem Kupferstich des oben erwähnten Matthäus Merian d. Ä. in der Lutherbibel von 1630 marschiert ein Einhornpaar in das rettende Wasserfahrzeug. In einem Holzschnitt des schweizerischen Malers und Stechers Tobias Stimmer (1539-84) dagegen besteigen die Einhörner die Arche nicht. Nach dem Talmud kam das Einhorn in der Sintflut nicht um. Der Talmud, das nachbiblische Hauptwerk des Judentums, entstand zwischen dem 2. Jahrhundert v. Chr. und dem 5. Jahrhundert n. Chr. aus mündlicher und schriftlicher Überlieferung und enthält in gesetzlichen und nichtgesetzlichen Schriften die ganze rabbinische Lehre. Sie wird teilweise in der Form von Meinung und Gegenmeinung entwickelt. So wird in unserem Zusammenhang im Traktat Zebahim des Babylonischen Talmuds (der umfangreicheren der beiden Talmud-Redaktionen) in einer gelehrten Diskussion die Frage aufgeworfen, wieso das Einhorn erhalten blieb. Darauf gibt Rabbi Jannaj zur Antwort: „Man nahm Junge in die Arche auf." Dieser Ansicht hält Rabba b. Bar Hanna entgegen, dass er ein junges Einhorn gesehen habe, das so groß war wie der Berg Tabor, und dieser messe immerhin vierzig Parasangen. Darauf erwidert Rabbi Johanan: „Man nahm seinen Kopf in die Arche auf." Der Meister hält auch das für unmöglich, da der Einhornkopf anderthalb Parasangen einnahm, und entscheidet sich für die Nasenspitze. Eine Parasange entspricht fünf bis sechs Kilometer.

Im Gegensatz zum Talmud war das Einhorn nach Sagen des Ostjudentums zu ungebärdig oder eigenwillig für die Aufnahme in die Arche und musste in den Fluten jämmerlich ertrinken. Als Beispiel sei eine polnische Sage erzählt: „Als Noach je ein Paar aller Tiere in die Arche ließ, nahm er auch das Einhorn auf. Doch stieß dieses andere Tiere, und Noach warf es ohne Bedenken ins Wasser. Anfangs schwamm das Einhorn. Aber als das Wasser alle Berge und Bäume überschwemmte, setzte sich eine Menge von Vögeln auf sein Horn und drückte seinen Kopf durch ihr Gewicht nieder, dass es ertrinken musste." Ähnlich verhält es sich in einer kleinrussischen Überlieferung.

Das Einhorn in der Arche Noach aus einer deutschen Handschrift der Konstanzer Weltchronik (Bayern, 3. Viertel des 15. Jahrhunderts; Cgm 426 der Bayerischen Staatsbibliothek in München, fol. 6v)

Symbol für Dämonen und den Teufel

Einhorn als Dämon. Wasserspeier auf der Südseite des Straßburger Münsters

Im Mittelalter schließen sich zahlreiche Bild- und Textdarstellungen an die Bibeltexte an, die das Einhorn als feindlich bezeichnen, vor allem an die uns bereits bekannte Stelle aus Ps 22, 22. Nach ihr wird der Gerechte (in neutestamentlicher Ausdeutung: der Gekreuzigte) massiv bedroht. So wird das Einhorn zum Symbol für gott- und menschenfeindliche Mächte, für Dämonen und für den Teufel, der auf Abbildungen häufig nur ein einzelnes Horn trägt. Besonders eindrucksvoll ist ein Holzschnitt aus dem „Schatzbehalter" von Stephan Fridolin, einem spätmittelalterlichen Andachts- und Erbauungsbuch. Dargestellt ist Christus, der von einer Menge wilder Tiere, darunter einem Einhorn, angefallen wird. Auch von den Kirchenvätern wird die Deutung des Einhorns als Fürst dieser Welt, als Teufel, übernommen (Gregor d. Gr. u. a.). Sie drang sogar in einen lateinischen Physiologus ein, der Ende des 15. Jahrhunderts im Alpengebiet westlich von Turin bei der leibfeindlichen und von der Kirche exkommunizierten Buß- und Armutsbewegung der Waldenser entstand. In einer aus dem 10. oder 11. Jahrhundert stammenden Fassung des griechischen Physiologus, die irrtümlich dem hl. Basilius zugeschrieben wurde, steht unter Bezug auf Ps 22, 22 Folgendes: „Das Einhorn beherrscht den Menschen. Es jagt ihn, und wenn es ihn packt, durchstößt es ihn mit seinem Horn und frisst ihn auf. Der heilige Basilius sagt dazu: ‚Siehe nun, o Mensch, dass du dich vor dem Einhorn in Acht nimmst, das heißt vor dem Teufel. Denn er beherrscht die Menschen und ist sehr geschickt, ihnen Böses anzutun. Tag und Nacht rennt er, durchstößt den Menschen mit falschen Argumenten und trennt ihn von den Geboten Gottes.'" Doch kommt bei Pseudo-Basilius gleich danach auch die Deutung des Einhorns auf den Erlöser vor.

Schwer zu deuten ist das sehr urtümlich dargestellte Einhorn auf dem um 1100 entstandenen romanischen Taufstein in der Stadtkirche von Freudenstadt. Es steht mit offenem Maul einem Löwen gegenüber und wird am linken Vorderlauf von einem bärtigen Mann gefasst. Es ist kaum vorstellbar, dass dieses wilde Tier Christus symbolisieren soll. Daher muss eher an den Teufel oder einen Dämon gedacht werden.

Um 1180 wurden in Byzanz Weissagungen verbreitet, die dem seit 886 regierenden Kaiser Leon VI. zugeschrieben wurden und sich auf die Bedrohung des Byzantinischen Reiches bezogen. Abschriften mit Illustrationen sind erst aus

Einhörnige Fischwesen in Zillis und Tramin

dem 15. und 16. Jahrhundert erhalten. Darin kommt mehrfach das Einhorn vor als Symbol für den feindlichen Islam bzw. einzelne osmanische Sultane.

In den Zusammenhang mit der dämonologischen Bedeutung des Einhorns gehören auch die zahlreichen Darstellungen von einhörnigen Mischwesen (Drachen, Schlangen, Vögeln) und Monstren. Allerdings sind sie nicht immer als bedrohlich anzusehen. Als besondere Gruppe sind die einhörnigen Fischwesen zu betrachten, die zusammen mit den Dämonen das Weltmeer bevölkern, das nach mittelalterlicher Vorstellung die scheibenförmige Erde umfasst. Beispiele dafür bieten die romanische Bilderdecke der Martinskirche in Zillis/Graubünden (um 1130-1140) und Chorfresken der Kirche St. Jakob in Kastelaz in Tramin/Südtirol aus dem 13. Jahrhundert. Auf das Gemälde-Triptychon „Der Garten der Lüste" von Hieronymus Bosch wird in einem der nächsten Kapitel eingegangen. Dort taucht ebenfalls ein fischschwänziges Einhorn auf.

Der den genannten Darstellungen zu Grunde liegende Glaube an Meereinhörner war bis ins 19. Jahrhundert verbreitet. Er ging nach dem mittelalterlichen Weltbild von dem Gedanken aus, dass es zu jedem Landtier eine Entsprechung in der Fauna des Meeres gibt. Meereinhörner waren in vielen Werken des 16.- 18. Jahrhunderts abgebildet.

Der Mann im Abgrund

Das Einhorn als Symbol des Todes

Die in der Datierung stark umstrittene, aber wohl vor 1267 von Jacobus a Voragine, dem späteren Erzbischof von Genua, verfasste lateinische „Legenda aurea" (Goldene Legende) enthält ein Gleichnis mit dem Einhorn als Symbol des Todes. Die ganze Sammlung umfasste ursprünglich 182 Heiligenlegenden und Traktate zu Kirchenfesten, wuchs aber bei den Übersetzungen in die Volkssprachen durch Erweiterungen stark an. Sie wurde zu dem am weitesten verbreiteten und populärsten religiösen Volksbuch des späten Mittelalters und der frühen Neuzeit. Das folgende Gleichnis ist eines von zehn Gleichnissen, mit denen der Eremit Barlaam den Königsohn Josaphat zum Verzicht auf Krone und Reich und zum Einsiedlerleben bewegt. Es lautet nach der deutschen Übersetzung von Richard Benz (9. Auflage, 1979) folgendermaßen:

„Die, so an der leiblichen Lust dieser Welt hangen, und ihre Seelen lassen Hungers sterben, sind gleich jenem Manne, der in Eilen vor einem Einhorn floh, dass er nicht von ihm werde verschlungen, und in einen tiefen Abgrund fiel. Aber da er fiel, griff er mit seinen Händen einen Strauch, und fuhr mit seinen Füßen auf einen schlüpfrigen und haltlosen Grund. Aber wie er näher zusah, erblickte er zwei Mäuse, eine weiße und eine schwarze, die nagten ohn Unterlass an der Wurzel des Strauches, daran er sich hielt, und es war schon nahe daran, dass er abreißen musste. Auf dem Grunde der Höhle aber ersah er einen greulichen Drachen, der spie Feuer, und sein offener Rachen war bereit, ihn zu verschlingen. Aus dem schlüpfrigen Grund aber, da er mit seinen Füßen stund, reckten vier Schlangen ihre Häupter. Doch da er die Augen wieder aufhub, sah er ein Tröpflein Honig von den Zweigen des Strauchs rinnen. Da vergaß er alle Fährlichkeiten, davon er umgeben war, und gab sich ganz der Süßigkeit des Honigs hin. Das Einhorn aber bedeutet den Tod, der dem Menschen allezeit nachfolgt, ob er ihn möge ergreifen; der Abgrund bedeutet die Welt, die ist voll aller Übel. Der Strauch ist unser Leben, das wird verzehrt ohn Unterlass von den Stunden des Tags und der Nacht als von schwarzen und weißen Mäusen; und nahet dem Falle. Der Grund mit den vier Schlangen, das ist der Leib, der aus vier Elementen ist zusammengesetzt, und sich auflöst, so dieselben in Unordnung kommen. Der greuliche Drache ist der Höllenschlund, der uns allesamt zu verschlingen droht. Der süße Honig des Zweigleins aber ist die betrügliche Lust der Welt, damit der Mensch betrogen wird und seiner Fährlichkeit vergisst."

Der Mann im Brunnen. Kupferstich von Boetius A. Bolswert (um 1580-1633)

Der Mann im Baum

links: Fresko in der Dorfkirche von Bischoffingen

rechts: Aus einer Handschrift des Renner von Hugo von Trimberg (um 1450; Cgm 7375 der Bayerischen Staatsbibliothek in München, fol. 111v)

Der Mann im Abgrund ist also der Mensch, der trotz aller massiven Bedrohungen seiner Existenz seine Umwelt total vergisst und sich der betrügerischen Lust der Welt hingibt. Dabei ist das Einhorn Sinnzeichen des allgegenwärtigen Todes.

Die „Bekehrungsgeschichte", zu der das Gleichnis gehört, geht zurück auf eine indische Buddha-Legende, in der der Königssohn Siddharta (der spätere Buddha) durch einen Wanderasketen auf die Vergänglichkeit aller Dinge hingewiesen und für ein weltabgewandtes und entsagungsvolles Leben gewonnen wird. Dort allerdings ist es im Gleichnis für die menschliche Existenz nicht das Einhorn, das den Mann verfolgt, sondern ein wilder Elefant (als Symbol der Zeit) und eine Furcht erregende Dämonin (als Sinnbild des Alters). Im Mittelalter war die Legende von Barlaam und Josaphat sehr beliebt; es kam auch zu zahlreichen epischen Bearbeitungen (u. a. einer deutschsprachigen von Rudolf von Ems).

Das beeindruckende Gleichnis für die menschliche Existenz erfuhr als Mann im Abgrund, auch als Mann im Brunnen oder im Baum, zahlreiche und vielfältige Darstellungen in den bildenden Künsten, vor allem in der Buchmalerei und in Kupferstichen. Besonders in griechischen Psalterien diente es zur Illustration von Ps 144,4: „Der Mensch gleicht einem Hauch, seine Tage sind wie ein flüchtiger Schatten." Als Beispiel aus dem näheren Bereich von Freiburg im Breisgau möge ein Fresko dienen, das sich in der evangelischen Dorfkirche in Bischoffingen im Kaiserstuhl befindet (14. oder 15. Jahrhundert). Hier steht ein festlich gekleideter Jüngling mit einem Falken auf der rechten Faust in einem Baum, den das Einhorn (als „angest" bezeichnet) gemeinsam mit dem Tod zu fällen sucht. Der mittelhochdeutsche Dichter Hugo von Trimberg (um 1230 - nach 1313) nahm das Gleichnis in sein 1290-1300 entstandenes Hauptwerk „Der Renner" auf. Es handelt sich um eine allgemeine Lebens- und Sittenlehre, die gegen die sieben Hauptsünden gerichtet ist (Stolz, Habgier, Neid, Zorn, Unkeuschheit, Unmäßigkeit und geistliche Trägheit). Auch in einem älteren deutschen Neujahrswunsch für ein langes Leben kommt das Einhorn als Todestier vor: „Dass dich der Einhurn in diesem Jar nit stoß' und in vilen Jaren nit!"

Die nun folgende Ausdeutung des Einhornsymbols steht in einer Art von Widerspruch zu dem eben Dargelegten.

Die Bedeutung der mystischen Einhornjagd

Mystische Einhornjagd (Detail) auf einem Passionsaltar der Werkstatt Martin Schongauers, um 1475. Colmar, Unterlindenmuseum

Die Erzählung des Physiologus vom Fang des Einhorns durch eine reine Jungfrau und die anschließende Ausdeutung auf die Menschwerdung Christi fand ihren Niederschlag in der so genannten mystischen Einhornjagd. Es handelt sich um die Darstellung der Verkündigung an Maria mit dem Engel Gabriel als Jäger und Christus als gejagtem Einhorn. Diese Darstellung kommt auf zahlreichen spätmittelalterlichen und frühneuzeitlichen Bildteppichen und Altären vor. Literarisch tritt das Motiv erstmals in einem um 1480 in Niederdeutschland geschriebenen Gebet- und Betrachtungsbuch für Ordensfrauen auf (Göttingen, Niedersächsische Staats- und Universitätsbibliothek, cod. theol. 291). Darin spricht Gabriel mit einer Ordensfrau über die Menschwerdung Christi. Der lateinisch abgefasste Text mit einem mittelhochdeutschen Einsprengsel lautet in deutscher Übersetzung: „O Braut Christi schau dich um ... und betrachte die Schönheit und den Schmuck dieses Gartens. Denn er hat so viele Sinnbilder, so viele Symbole und so viele Rätsel wie Sterne am Himmel. Nun will ich etwas sagen über die Jagd in diesem Garten. Das schnellste Rhinozeros, das keuscheste Einhorn, der schönste Panther wird in diesem Garten gefangen. Gott, der Vater schuf diesen Garten nach dem Wohlgefallen seines göttlichen Herzens. Und der Sohn Gottes entbrannte in Liebe zu diesem Garten und begehrte seinen blühenden Schmuck. Dieser Garten war nämlich eine ganz zarte und anmutige, eine reizende und liebliche, eine schöne und ergötzende Jungfrau. Der Sohn Gottes aber ist von großer Begierde zu diesem Garten erfasst worden und erhielt die Erlaubnis, in ihm zu spielen. Nach dem Ratschluss des ewigen Vaters stieg er in diesen Garten hinab, um mit den Blumen zu spielen. Und ich Gabriel bin vom Herrn gleichsam als Jäger gesandt worden und hatte bei mir vier Hunde. Der erste hieß Barmherzigkeit, der zweite Wahrheit, der dritte Gerechtigkeit, der vierte Friede. Und ich hatte auch ein gewisses feines und wohlklingendes Instrument, nämlich ein kleines goldenes Horn, das jede Psalter- und Zithermelodie süß erklingen ließ. Damit trieb ich die Hunde zum Laufen an. Und siehe während jenes schnellste Rhinozeros bzw. jenes keuscheste Einhorn lustvoll herumsprang und in dem reizenden Blumengarten spielte, blies der Geist Gottes in das fein und süß klingende Horn, das ich am Mund hielt. Und sehr süß tönte es im Ohr der Jungfrau und gleichzeitig im Ohr des Einhorns. Die Melodie aber brachte Folgendes zum Ausdruck: ‚Gegrüßet seist du Maria, du bist voll der Gnade, der Herr ist mit dir.' Beide standen da und lauschten. Danach begannen die Hunde

Mystische Einhornjagd auf einem oberrheinischen Marienteppich, um 1400. Freiburg i. Br., Augustinermuseum

zu laufen und das edle Tier zu jagen. Und fliehend und laufend flüchtete es sich in den Schoß der Jungfrau, um dort auszuruhen. Und sofort umgab es jenes anmutige und reizende Mädchen mit dem Schoß seines Leibes. Und so wurde der Sohn Gottes gefangen im Schmuck und Duft der Blumen dieses Gartens. Viele Sünder und Sünderinnen, die des Weges kommen, geraten unversehens in diesen Garten und sprechen: ‚Gegrüßet seist du Maria, du bist voll der Gnade.' Und sofort werden sie von der Anmut Mariens gefangen, was sie am wenigsten geglaubt und vermutet hätten."

Die allegorisch nicht nur als Verkündigung, sondern gleichzeitig als Menschwerdung Christi gedeutete Jagd des Einhorns in den Schoß von Maria findet meist im „Hortus conclusus", dem „verschlossenen Garten" des Hohen Liedes, einem Symbol der Jungfräulichkeit Mariens, statt. Der Garten selbst enthält zahlreiche, meist dem Alten Testament entnommene marianische Sinnbilder. Die Jagd fußt in der Regel auf der theologischen Vorstellung, dass der ewige Gottessohn sich weigerte, Mensch zu werden und zu leiden und erst von Gabriel als Einhorn in den Schoß der Jungfrau Maria getrieben werden musste. Die Anzahl und Namen der durch die Jagdhunde dargestellten Tugenden schwanken. Gelegentlich tauchen die so genannten drei göttlichen Tugenden Glaube, Hoffnung und Liebe auf.

Das Motiv ist wie gesagt auf Altären und Bildteppichen weit verbreitet, vor allem im deutschen Kulturgebiet. Zwei Zentren heben sich ab: Thüringen einerseits und das Oberrheingebiet mit den Alpenländern andererseits. Hinzuweisen ist daneben auf zahlreiche entsprechende Waldmalereien in Kirchen, vor allem in Skandinavien. Auch in Volks- und Kirchenlieder hat die mystische Einhornjagd Eingang gefunden. In einem „Berglied" genannten protestantischen Kirchenlied von 1536 wird in den ersten beiden Strophen der Gesang der Vögel und der Nachtigall rühmend erwähnt und dann in den folgenden Strophen das Einhorn genannt:

3. „Der Jäger, der nahm des Klanges eben wahr,
    er jagt den Einhorn, ganz lieblich und offenbar.
    Der Einhorn erweist sich edel, er erweist sich ganz hochgeborn,
    Gott hat ihn selber auserkorn.
4. Der Einhorn erweist sich edel, er erweist sich weiß,
    er hielt sich eben auf einem schmalen Steig.
    Dass ihn kein Mann auf Erden sollte fangen,
    es wäre denn zumal ein reines Jungfräulein.
5. Nun höret Wunderdinge und die sind groß:
    Vor Freuden schwang sich dasselbe Einhorn
    Maria der Jungfrau wohl in den Schoß,
    ihre Freude und die war groß."

In den Strophen 8 und 9 heißt es:

8. „Wär uns dieser Einhorn nicht geborn,
    so wären wir arme Sünder gar verlorn.
    So empfangen wir ihn gar unwürdiglich,
    Gott helfe uns allen in seines Vaters Reich,
    Gott helfe uns allen zugleich.
9. Wollt ihr wissen, wer dieser Einhorn ist?
    Es ist unser lieber Herr Jesu Christ,
    von dem man hört singen und lesen in der Schrift,
    der für uns an dem heiligen Kreuz gestorben ist,
    sein Name heißt Jesu Christ."

Das Trienter Konzil befasste sich in der 25. Sitzung am 3. und 4. Dezember 1563 mit der Heiligenverehrung und verbot „alles Unzüchtige" bei bildlichen Darstellungen. Dass damit auch die mariologischen Einhorndarstellungen gemeint waren, ist denkbar, aber nicht nachzuweisen. Jedenfalls trat in der Folgezeit die Darstellung Christi als gejagtes Einhorn stark in den Hintergrund. Von Maria wird das Einhorn als Symbol der Keuschheit vereinzelt auch auf andere heilige Frauen übertragen, so z. B. auf die heilige Justina von Padua (um 300 n. Chr.).

Hl. Justina von Padua mit einem Einhorn als Symbol der Keuschheit und dem Stifter. Tafelbild von Moretto da Brescia, um 1530. Wien, Kunsthistorisches Museum

Mittelhochdeutsche und mittellateinische Dichtungen

In einer ganzen Reihe von mittelhochdeutschen Dichtungen kommt das Einhorn teilweise sehr ausführlich vor. Dabei treten zu den herkömmlichen Motiven völlig neue Aspekte. Einige Beispiele seien hier ausgewählt.

In der deutschsprachigen epischen Dichtung taucht das Einhorn zum ersten Mal im Alexanderlied des Pfaffen Lamprecht, eines Trierer Klerikers, auf. Auch ist das um 1150/60 entstandene Versepos, in dem der Dichter den großen Eroberer Alexander d. Gr. von seinen Heldentaten erzählen lässt, die erste deutschsprachige Bearbeitung eines antiken Stoffes. Darin berichtet Alexander von dem Liebesabenteuer mit der (legendären) persischen Königin Kandakis und von den Geschenken, die er bei seiner Heimkehr von ihr empfangen habe:

> „Zugleich auch sendete ein Tier
> Die edle Königin zu mir her
> Welches edel war und hehr,
> Und den Carbunkel träget
> Und welches vor die Magd sich leget.
> Monosceros ist es genannt,
> Nur wenige gibt es in dem Land;
> Gewinnen kann man's nicht durch Jagd,
> Man muss es fah'n mit einer Magd;
> Sein Horn ist schrecklich anzuseh'n,
> vor dem mag Keiner je besteh'n."

(Versübersetzung aus der Straßburger Handschrift, die um 1160 entstanden ist).

Mit Monosceros ist wie bekannt das Einhorn gemeint. Und der Carbunkel ist der hier erstmals im Zusammenhang mit dem Einhorn erwähnte Karfunkelstein, dessen Bedeutung und Herleitung unklar ist. Möglicherweise könnte es sich in der Form einer Übertragung um den Drachenstein im Kopf eines Drachen handeln. Dieser ist in vielen Büchern über Edelsteine und deren Heil- und Zauberkräfte (in den so genannten Lapidarien) verzeichnet.

Noch in einem ganz anderen Zusammenhang taucht im Mittelalter in Verbindung mit Alexander d. Gr. das Einhorn auf. Die Hauptquelle des damaligen Wissens um Alexander war eine im 3. Jahrhundert in Alexandria entstandene griechische Sammlung, die fälschlich Alexanders Hofhistoriograf Kallisthenes zugeschrieben wurde. Der Pseudo-Kallisthenes ging in seinem Grundbestand auf einen griechischen Alexanderroman des 1. Jahrhunderts v. Chr. zurück und wurde Ende des 3. Jahrhunderts von Julius Valerius ins Lateinische übersetzt. Der historische Kern war längst von fantastischen Zügen überwuchert. Entscheidend für die weitere Verbreitung wurde dann vor allem die lateinische Bearbeitung des Alexanderromans durch den im 10. Jahrhundert in Neapel lebenden Archipresbyter Leo, der auf einer Gesandtschaftsreise nach Byzanz das Werk kennen gelernt hatte. Leos „Historia de preliis" (Geschichte der Kämpfe) erfuhr zahlreiche Übersetzungen und Bearbeitungen. In einem lateinischen Straßburger Druck von 1486 ist gegen Ende zu lesen:

„Dann zog das Heer weiter und marschierte am Ufer des Roten Meeres entlang. Dort schlugen sie das Lager auf an einem Ort, an dem sie Tiere fanden, die auf dem Kopf gezackte Knochen von der Schärfe eines Schwerts trugen. Die Soldaten Alexanders schlugen auf sie ein, doch die Tiere durchbohrten ihre Schilde. Man nannte diese Tiere Einhörner. Schließlich töteten die Soldaten 8 550 von ihnen."

(Übersetzung durch den Autor).

Übrigens wird in bildlichen Darstellungen des späteren Mittelalters, vor allem in der Buchmalerei, Alexanders Streitross Bucephalus mehrfach als Einhorn wiedergegeben. Das ist wohl auf ältere Berichte zurückzuführen, in denen Bucephalus als ein schwarzes Tier mit einem leuchtenden Zeichen auf dem Kopf geschildert wurde.

Dem im Alexanderlied erwähnten Karfunkelstein in Verbindung mit dem Einhorn begegnen wir ein zweites Mal im „Parzival" des mittelhochdeutschen Dichters Wolfram von Eschenbach (um 1170/80-um 1220). Parzival wird in dem etwa 1200-1210 geschriebenen Versepos als eine Gestalt aus dem Kreis des sagenhaften König Artus geschildert. Er zieht auf ausgedehnte Abenteuerfahrten und besucht dabei auch den unheilbar kranken Gralskönig Anfortas. Aufgrund seiner höfischen Erziehung vermeidet er es, nach dem Leiden des Königs zu fragen. Erst nach vielen Irrwegen stellt Parzival die sog. Mitleidsfrage, bewirkt damit die Heilung des Anfortas und wird selbst König des sagenhaften Heil bringenden Grals, bei dem es sich hier um einen Stein handelt. Der Gral, der irdisches und himmlisches Glück bringen soll, ist in anderen mittelalterlichen Dichtungen ein Kelch, eine Schale zur Aufbewahrung der Hostie oder die Abendmahlsschüssel, in der Josef von Arimatthäa das Blut Christi auffing. In unserem Zusammenhang lesen wir im „Parzival" über einen der vielen Versuche, die Wunde des Anfortas zu heilen, Folgendes:

> „Ein Tier heißt Monocerus.
> Es erwittert der Jungfraun Reinheit groß
> und schläft ein in einer Jungfrau Schoß.
> Wir erwarben von seinem Herzen
> gegen des Königs Schmerzen.
> Wir brachen den Karfunkelstein
> von dieses Tiers Hirnbein,
> der da wächst unter seinem Horne.
> Wir bestrichen die Wunde vorne
> und tauchten den Stein ein sogar.
> Doch blieb sie eitrig, wie sie war."

(Versübersetzung aus dem Mittelhochdeutschen).

Auf ein ganz anderes Motiv stoßen wir in der nur fragmentarisch erhaltenen Weltchronik des mittelhochdeutschen Dichters Rudolf von Ems († 1250 oder 1254). In den im Mittelalter stark verbreiteten Weltchroniken wird die in verschiedene Epochen gegliederte Weltgeschichte von der Schöpfung bis zum Jüngsten Tag geschildert. Dabei ist sowohl die Profan- als auch die Heilsgeschichte berücksichtigt. Die Emssche Chronik, entsprechend den sechs Schöpfungstagen wie bei Augustinus in sechs Weltalter geordnet, bricht allerdings mit König Salomo von Israel ab und bleibt somit ein Torso. In dem Bericht über die Wunder Indiens steht dabei Folgendes:

> „Da gibt es auch Einhörner. Das [Einhorn] kann kein Mann in der Welt mit seiner Kraft bezwingen, so stark und kühn ist es. Sein Körper sieht aus wie bei einem Pferd, vorne ein Hirschkopf, feindselig hochgereckt. Es ist sehr wild. Es hat Füße wie ein Elefant und einen Schwanz wie ein Schwein. Mitten auf seiner Stirn trägt es ein Horn wie aus Glas, vier Fuß lang, wie ich gelesen habe. Vor dem kann sich niemand wehren, noch sich mit irgendeiner Waffe schützen. Das Tier ist so böse, stark, aggressiv und tapfer und so furchtlos, dass nur eine keusche Jungfrau es fangen kann. Sobald es vorkommt, dass es die Jungfrau vor sich sitzen sieht, wird es ganz zahm. Es legt seinen Kopf in ihren Schoß und ruht anmutig bei ihr, aufgrund ihrer Keuschheit. So kann man es auf deren Körper fangen. Wenn sie aber eine Frau ist und sich selbst als Jungfrau ausgibt, lässt es sie nicht am Leben und zeigt ihr gegenüber große Wut: es durchbohrt sie mit seinem Horn und bestraft so die Lüge, die sie über sich selbst verbreitet."

(Prosaübersetzung aus dem Mittelhochdeutschen durch Konrad Kunze).

Neu ist hier die dem Einhorn zugedachte Aufgabe der Jungfräulichkeitsprobe und der Bestrafung einer Betrügerin.

Zum Schluss seien zwei Liebeslieder zitiert, die aus den Carmina Burana stammen, einer Sammlung von circa 250 lateinischen und deutschen, fast durchweg weltlichen Liedern und Gedichten. Die um 1225/30 entstandenen, teilweise sehr

Jungfrau mit Einhorn und Jäger aus einer lateinischen Physiologus-Handschrift (14. Jahrhundert; Clm 6908 der Bayerischen Staatsbibliothek in München, fol. 79r)

derben Dichtungen waren bis 1803 im bayerischen Kloster Benediktbeuren, wurden nach ihm benannt („Beurer" d. h. „Benediktbeurer" Gesänge) und befinden sich jetzt in der Bayerischen Staatsbibliothek in München. Bekannt wurden sie durch die Vertonung durch den modernen Komponisten Carl Orff (1895-1982).

Beide Lieder sind aus dem Lateinischen übersetzt.
Lied 88 lautet:

> „Amor lässt die Schüchternheit
> an der Brust erwarmen,
> harten Sinnes Sprödigkeit
> bricht er ohn Erbarmen;
> selbst das Einhorn, mit der Zeit
> ruhts in Mädchenarmen.
> Liebesfreuden, zart und rein,
> spende ich dem Mägdelein;
> sä ich in den Wind hinein,
> mag die Sünde lässlich sein."

Und Lied 93a heißt:

1. „Da Fortuna einst beschloss, ich möge glücklich leben,
   hat sie edlen Anstand mir, Wohlgestalt gegeben,
   um mich auf den höchsten Sitz, den Ehrenthron zu heben.
2. Aber rasch verblühten, ach, meine Jugendtage,
   und des Alters Runzeln ich nun mit Würde trage;
   ob ich heil ins Jenseits komm, das ist jetzt die Frage.
3. Das Einhorn pflegt der Jungfrau sich gehorsam zu erweisen;
   allein nur wenn die Jungfernschaft als unversehrt zu preisen,
   darf in ihrem Schoß das Tier sie traut verweilen heißen.
4. Die an einen jungen Mann all ihr Herz gehangen
   und mich Alten von sich weist, dieser ist entgangen,
   dass von ihr das Einhorn dann sich nimmermehr lässt fangen.
5. Auf der Jungferntenne hat der Alte keine Rechte,
   ihm wird nur die Spreu zuteil, das Korn dem jungen Knechte;
   also lass die Tenne ich dem neueren Geschlechte."

Spätmittelalterliche Tierfabeln und Exempelsammlungen

Tierdichtungen, d. h. Erzählungen, in denen Tiere Handlungsträger sind, gehören zum Überlieferungsgut aller Völker und kommen schon in Mesopotamien, im alten Indien und im alten Ägypten vor. Eine besondere Form sind die Tierfabeln, kurze Erzählungen, in denen Tiere menschliche Eigenschaften und Verhaltensweisen verkörpern und aus dem Geschilderten eine allgemein gültige Lehre gezogen wird. Berühmt wurden die Fabeln des legendären altgriechischen Dichters Äsop (um 550 v. Chr.). Sie erfuhren griechische, römische und zahlreiche mittelalterliche Bearbeitungen und beeinflussten die Fabeln von Jean de La Fontaine und Gotthold Ephraim Lessing.

Tierfabeln fanden auch Eingang in die im Mittelalter weit verbreiteten lateinischen und in die Volkssprachen übersetzten Exempelsammlungen. Bei den Exempeln handelt es sich um Beispielerzählungen aus den verschiedensten Bereichen des menschlichen Lebens und der Natur. Sie dienten der Illustrierung bestimmter Eigenschaften und Verhaltensweisen und sollten zu einem sittlichen christlichen Leben ermahnen. Daher waren die Exempel in erster Linie als Handreichung für die Prediger gedacht.

Das Einhorn taucht in den Fabeln und Exempeln erst im Spätmittelalter auf und wird meist unabhängig von der spirituellen Bedeutung und teilweise im Gegensatz zu ihr in der Regel als Beispiel für menschliches Fehlverhalten gewählt.

In der ersten Hälfte des 14. Jahrhunderts entstand eine 95 lateinische Prosafabeln umfassende Sammlung, die meist von Tieren handelt: das in vielen Handschriften und Drucken überlieferte „Speculum sapientiae" (Spiegel der Weisheit). Es wurde ursprünglich einem Bischof Cyrillus zugeschrieben, doch ist die Autorschaft noch nicht völlig geklärt. Nach neueren Forschungen leuchtet die Zuschreibung an den italienischen Dominikaner Bonjohannes von Messina und die Datierung auf die Jahre 1337-1347 am meisten ein. Eine Übersetzung ins Deutsche erfolgte durch Ulrich von Pottenstein (um 1360-1416/17), Dekan in der oberösterreichischen Stadt Enns.

Im 18. Kapitel des zweiten Buches geht es in der Fabel vom Einhorn und dem Raben gegen die Prahlhänse, die mit ihrer Kraft protzen:

„Als ein Einhorn, das stolz war auf die große Stärke seines Horns, einen

Rabe und Einhorn aus einer deutschen Handschrift des „Speculum sapientiae" (Bayern, um 1457; Cgm 340 der Bayerischen Staatsbibliothek in München, fol. 45v)

Raben auf einem Felsen sitzen sah, nahm es sich sofort vor, ihn mit seiner wunderbaren Kraft herunterzustoßen, um ihm seine Stärke zu zeigen. Als es aber blitzartig und eilig vorstieß, wurde es durch die Härte des Steins zurückgestoßen und brach sich das Horn. Durch den starken Schmerz wurde es besiegt, der Körper erschlaffte, und es verlor alle Kraft. Der Rabe lachte das Tier, welches mit so viel Schmerzen dalag, wegen der Geschehnisse mitleidslos aus und hielt ihm darüber hinaus folgende höhnische Ansprache: ‚Mein Bruder Einhorn, wo ist das kräftige Horn, wo die verblüffende Stärke? Da du alles auf das eine gesetzt hast, brauchst du dich nicht zu wundern, dass du mit dem einen alles verloren hast.'" In der längeren Ansprache verweist dann der Rabe auf Samson, dessen Stärke nicht nur in seinen Haaren, sondern auch in seiner Demut bestanden habe und fährt fort: „‚Ferner, wenn du dich stolz überhebst, wendest du dich gegen den allmächtigen Gott.'" Die Fabel endet mit dem Hinweis, dass das Einhorn nach diesen Worten seinen Stolz verliert.

(Übersetzung der Textzitate aus dem Lateinischen durch den Autor).

Einhorn und Leopard im Kampf mit dem Drachen. Kolorierter Holzschnitt aus: Dialogus creaturarum. Stockholm 1483

Ganz zu der geschilderten Sammlung passt der in Handschriften des 14. und 15. Jahrhunderts und in verschiedenen Drucken überlieferte lateinische Dialogus creaturarum (Dialog der Geschöpfe). Bisherige Zuweisungen an bestimmte Autoren sind umstritten. Es handelt sich um 122 Fabeln in Dialogform, Gespräche lehrhafter Art. In ihnen kommen Tiere, Pflanzen und Menschen, aber auch Himmelskörper, Elemente, Metalle und Edelsteine vor. Das Einhorn taucht zweimal auf, in den Dialogen 88 und 94. Nr. 88 („Von dem Leoparden und dem Einhorn, die mit dem Drachen kämpften") führt aus:

„Der Leopard ist, wie Solinus sagt, ein Tier, das entstanden ist aus dem Löwen und dem Panther ... Er [der Leopard] kämpfte mit einem Drachen, konnte ihn aber nicht besiegen. Deswegen wandte er sich an das Einhorn und bat es demütig und sprach: ‚Du bist hervorragend und tapfer und kampferfahren; ich bitte dich, mich gegen die Wut des Drachen zu verteidigen.' Das Einhorn aber begann sich zu überheben, und da es solches von sich hörte, sprach es: ‚Wahr gespro-

chen, dass ich kampferfahren bin; deswegen werde ich dich bestens verteidigen, fürchte nichts, und sobald der Drache sein Maul öffnet, ihm mein Horn in den Schlund stoßen.' Als sie beide zum Drachen kamen, begann der Leopard den Kampf in der Hoffnung auf die Hilfe des Einhorns. Der Drache aber kämpfte gegen sie, und aus seinem Maul kam Feuer und Gestank. Als er sein Maul öffnete, eilte das Einhorn schnellstens herbei, um seinen Schlund zu durchbohren. Doch der Drache wandte den Kopf zur Seite, und das Einhorn stieß sein Horn in den Boden. Sterbend rief es aus: ‚Wer für einen anderen kämpfen will, richtet sich selbst zugrunde.' So ist es töricht, sich zu überschätzen, und es lohnt nicht, sich selbst in Todesgefahr zu bringen."
(Übersetzung durch den Autor).

Die Maxime, sich nicht in Streitigkeiten anderer einzumischen, wird dann noch weiter ausgeführt.

Dialog 94 mit der Überschrift „Von dem Einhorn, das einen Greis verachtete" zitiert zunächst die früher genannte Stelle aus Isidors Etymologien (Elefantenkampf, Fang durch die Jungfrau) und fährt dann fort:

„Wegen seiner Stärke und Jugend konnte es [das Einhorn] einen Greis nicht einmal ansehen; wann immer es Greise sah, zischte es sie aus, und wegen ihrer krummen Haltung zeigte es spöttisch auf sie. Als aber einige Zeit vergangen war und es selbst ein Greis geworden war, verachteten es die Jugendlichen. Es ertrug es geduldig mit dem Wort: ‚Wer alt werden will, darf Greise nicht verachten'. Daraus wird klar, dass die Greise von den Jugendlichen nicht verachtet werden dürfen, sondern geehrt werden müssen."
(Übersetzung durch den Autor).

Die zitierten Dialoge sind in den Handschriften und Drucken unterschiedlich illustriert; bei Dialog 94 ist das Einhorn auch als Nashorn wiedergegeben. Die Holzschnitte in den Druckausgaben des Dialogus creaturarum zeigen außerdem Einhörner bei drei Dialogen, in deren Text kein Einhorn vorkommt: Nr. 49, 89 und 120.

Total aus dem Rahmen des bisher Geschilderten fällt das Auftauchen des Einhorns in den Gesta Romanorum (Der Römer Tat), einer anonymen Exempelsammlung, die in einzelnen Überlieferungen mehr als 230 Einzelstücke umfasst. Die Sammlung entstand in England oder Deutschland und wurde seit der ersten Hälfte des 14. Jahrhunderts in wechselnder Gestalt verbreitet, in lateinischen und volkssprachlichen Bearbeitungen. Bei den Geschichten aus den verschiedensten Bereichen (antike Literatur, Bibel, Heiligenlegenden, Naturkunde, Geschichte) lässt sich nur in einem Teil der Fälle ein Bezug zum antiken Rom feststellen. Eines der Exempel handelt von zwei nackten Jungfrauen und einem Elefanten, eine Geschichte, die auch bei anderen Autoren und im Dialogus crea-

Maria und Eva mit Einhorn aus einer deutschen Handschrift der „Gesta Romanorum" (Bodenseegebiet, um 1460; Cod. Donaueschingen 145 der Badischen Landesbibliothek in Karlsruhe, fol. 67v)

turarum erzählt wird. In verschiedenen lateinischen und mittelhochdeutschen Fassungen der Gesta Romanorum ist aber der Elefant durch ein Einhorn ersetzt. In der ältesten datierten Gesta-Handschrift von 1342 (Universitätsbibliothek Innsbruck, Cod. Lat. 310) lautet der Text wie folgt *(übersetzt vom Autor aus dem Lateinischen)*:

„Es lebte ein sehr mächtiger Kaiser, in dessen Reich zwei schöne Jungfrauen wohnten. Diese sangen wunderbar süß, sodass viele herbeikamen, um sie singen zu hören. Jener Kaiser hatte auch einen Wald, in dem ein so starkes Einhorn war, dass es niemand anzugreifen wagte. Alle, die ihm nahe kamen, tötete es. Als die beiden Jungfrauen das hörten, kamen sie ganz nackt herbei. Die eine trug ein Schwert, die andere ein Becken. Und als sie den Wald betraten, begannen sie so süß zu singen, dass das Einhorn zu ihnen kam und ihre Brüste zu lecken begann. Dann betrachtete es sie vertraulich. Danach legte es sein Haupt in den Schoß jener Jungfrau, die das Becken hatte, und begann zu schlafen. Als die andere Jungfrau, die das Schwert hatte, das sah, durchbohrte sie sein Herz, und es starb. Die erste Jungfrau fing sein Blut in dem Becken auf und trug es in die Stadt; aus seinem Blut machte sie Purpurfarbe und färbte Leinen. Und alle lobten sie, dass sie das Blut gesammelt hatte und dass das Einhorn getötet worden war.

Die Erklärung: Geliebte, dieser Kaiser ist der himmlische Vater, die beiden nackten Jungfrauen sind Eva und Maria. Die nackte Eva ist ohne Sünde, so wie sie geschaffen worden war. Maria war schon im Mutterleib geheiligt und von jeder Sünde befreit. Beide sangen süß, als sie Gott lobten.

Das schreckliche Einhorn ist unser Herr Jesus Christus vor seiner Menschwerdung. Und als er die Jungfrauen im Wald dieser Welt sieht, leckt er ihre Brüste, d. h. er vollendete das neue und alte Gesetz. Er schlief im Schoß der einen, so wie die heilige Jungfrau ihn empfing, in deren Schoß er ruhte. Eva tötet ihn mit dem Schwert, das bedeutet mit der Sünde, die sie im Paradies beging. Aber die heilige Jungfrau hält das Gefäß, das bedeutet den gesegneten Leib, in dem sie sein Blut empfängt, das bedeutet seine Menschheit, durch die unsere Seelen im Himmel in Purpur gekleidet sind."

Teile der Geschichte erinnern an die mystische Einhornjagd. So nimmt es auch nicht wunder, dass eine der vorliegenden ähnliche Interpretation sich auf einem Antependium mit einer Einhorndarstellung im Hortus conclusus findet. Der Wirkbehang entstand 1480 in Basel, stammt aus der Kreuzkapelle in Lachen (Kanton Schwyz) und befindet sich heute im Schweizerischen Landesmuseum in Zürich. Allerdings ist es hier Adam, der das Einhorn mit einem Speer tötet, während Eva diejenige ist, die das Blut in einem Kelch auffängt.

Wie wir gesehen haben, greifen die Gesta Romanorum im Gegensatz zu den anderen Exempelsammlungen auf das Einhorn als Symbol für Christus zurück und deuten die Geschichte mit den beiden nackten Jungfrauen in einer heute schwer nachvollziehbaren heilsgeschichtlichen Interpretation aus.

Bereits im Dialogus creaturarum fanden wir Einhornabbildungen, denen die textliche Grundlage fehlte. Ein weiteres Beispiel ist eine der zahlreichen mittelalterlichen Bearbeitungen der lateinischen Fabeln des bereits erwähnten legendären Dichters Äsop: der so genannte Ulmer Äsop von 1476/77. Der Druck ist die erste Ausgabe einer von dem Humanisten Heinrich Steinhöwel vorgenommenen und ins Deutsche übersetzten bebilderten Sammlung der äsopischen und anderer Fabeltexte. Auf einem der beigegebenen und in späteren Drucken wiederholten Holzschnitte ist das Einhorn unter anderen Tieren im Kampf mit dem Adler dargestellt. Die Szene dient der Illustration des Streites der Vierfüßer mit den Vögeln.

Der elsässische Dichter und Humanist Sebastian Brant (1457 oder 1458-1521), der Autor der berühmten Verssatire „Das Narrenschiff", gab in Basel 1501 eine Neubearbeitung des Steinhöwelschen Äsop heraus. Angefügt ist ein zweiter Teil mit 140 neu gesammelten und formulierten Fabeln, Anekdoten und Erzählungen. Dabei greift Brant vielfach auf antike Quellen zurück. Dem Text in Versen ist jeweils eine Prosaversion beigegeben. In Nr. 115 („Von den indischen Stieren") ist unter Rückgriff auf Megasthenes auch das Einhorn beschrieben und in einem beigefügten Holzschnitt mit anderen Tieren abgebildet.

Streit der Vierfüßer mit den Vögeln. Holzschnitt aus dem so genannten Ulmer Äsop von 1476/77.

Das Einhorn mit Wildleuten, als Reittier und in Triumphzügen

Wildmann oder Wildmädchen reitet auf einem Einhorn. Kupferstich des Hausbuchmeisters, um 1480/90

Im Spätmittelalter und in der frühen Neuzeit erscheinen vornehmlich auf Bildteppichen, Chorgestühlen, Ofenkacheln, Schmuckkästchen, Spielkarten und Kupferstichen so genannte Wildleute mit Einhörnern, ohne Bezug zu einer epischen Vorlage. Die Wilden Leute sind nach damaliger Vorstellung Naturwesen, deren Körper mit Ausnahme von Gesicht, Hals, Händen, Füßen und manchmal auch Brüsten vollständig behaart ist. Gelegentlich tragen sie auch ein Blätter- oder Zottelgewand. In einer Art Gegenbild der höfischen Welt leben sie ohne Einengung durch moralische und gesellschaftliche Regeln als Waldmenschen in der Abgeschiedenheit der Naturidylle. Sie werden daher von den Aristokraten teils verachtet und teils beneidet. Auch wenn sie ihr Haar kunstvoll frisieren, nach höfischem Vorbild auf die Jagd gehen oder wie die Bauern die Feldarbeit verrichten, bleiben sie gemäß ihrer wilden Herkunft meist barfüßig.

Wildweibchen finden sich häufig in Gemeinschaft mit dem Einhorn ähnlich wie die Frauen im Physiologus oder in den Bestiarien. Die bekanntesten Darstellungen sind eine Karte mit Tierdame aus dem kleineren Kartenspiel des Meisters E. S., eine Schnitzerei auf dem Chorgestühl des Konstanzer Münsters und ein Straßburger Wirkteppich (Stuhl-Rückenlehne) von 1500/1510 im Basler Historischen Museum. Daneben treten Wildweibchen auch als Reiterinnen auf. Vor allem aber Wilde Männer reiten oft auf Einhörnern, in friedlichen Szenen, aber auch im Kampf und auf der Jagd. Auf oberrheinischen Bildteppichen finden wir vielfach Wild- aber auch Edelleute in Begleitung von Fabeltieren und Einhörnern. Das Einhorn dient nicht nur den Wildleuten als Reittier, sondern auch dem Tod oder einem Ritter. Eine besondere Rolle spielt das Einhorn als Reittier der Tugend der Keuschheit. Hergeleitet ist diese Auffassung aus dem spätmittelalterlichen Etymachietraktat, in dem die sieben Todsünden und die sieben Tugenden ihrem Wesen nach erläutert werden. In Abbildungen zu dem Traktat oder auch separat dazu sind die als Frauengestalten dargestellten Tugenden und Laster von ihnen zugeordneten Tieren begleitet, auf denen sie meist reiten. Da nimmt es dann nicht wunder, dass das Einhorn der Keuschheit beigegeben ist. Als Symbol für die Keuschheit erscheint es auch in Triumphzügen. Diese gehen zurück auf die „Trionfi" (Triumphe), Elegien des italienischen Dichters Francesco Petrarca (1304-74). Darin werden nach dem Tod

Wildweibchen mit Einhorn
auf einem Straßburger
Wirkteppich von 1500/1510.
Basel, Historisches Museum

Einhorn als Reittier der Keuschheit aus einer deutschen Etymachie-Handschrift (1447; 2°Cod. 160 der Staats- und Stadtbibliothek in Augsburg, fol. 86r)

der geliebten Laura wie in militärischen Triumphzügen des antiken Roms die Triumphe der Keuschheit über die Liebe, des Todes über die Keuschheit, des Ruhms über den Tod, der Zeit über den Ruhm und der Ewigkeit über die Zeit beschrieben. Bei der Illustrierung der Triumphe Petrarcas in der Buchmalerei sowie auf Kupferstichen, Holzschnitten und Bildteppichen wird der Wagen der Keuschheit von Einhörnern gezogen. Das Motiv des Triumphes der vom Einhorn symbolisierten Keuschheit erscheint dazu auch bildlich mit und ohne Wagen in anderen Zusammenhängen, vor allem in der Tafelmalerei.

Reiseberichte des späten Mittelalters und der frühen Neuzeit

In zahlreichen Reiseberichten des späten Mittelalters und der frühen Neuzeit wird von der realen Existenz des Einhorns ausgegangen. So erwähnt der italienische Orientreisende Marco Polo (1254-1324) in dem „Buch der Wunder" mehrfach Einhörner. In Kap. 125 berichtet er vom Königreich Mien (Burma), wo in ausgedehnten Wäldern Elefanten, Einhörner und andere wilde Tiere hausen. Die einhörnigen Tiere allerdings, die Marco Polo auf Sumatra gesehen hat und als Einhörner bezeichnet („Buch der Wunder", Kap. 167), sind der ganzen Beschreibung nach indische Nashörner, denn sie tragen ein schwarzes Horn auf der Nase, und nicht auf der Stirn. Interessant ist seine Bemerkung, dass das Erscheinungsbild der Tiere nicht zu den Erzählungen vom Fang durch eine Jungfrau passe.

Eindeutig lautet dagegen der Erlebnisbericht des Dominikaners Felix Fabri, der 1483 mit dem Mainzer Domdekan Bernhard von Breidenbach eine Pilgerfahrt ins Heilige Land unternahm und vom 20. Reisetag nach dem Aufbruch von Jerusalem Folgendes erzählt: „Um die Mittagszeit sahen wir auf dem Gipfel eines Berges ein Tier stehen, das auf uns herabblickte. Wir glaubten, es handle sich um ein Kamel, und wunderten uns, dass ein Kamel in der Einöde leben könne. Es begann ein Gespräch darüber, ob es auch Waldkamele gebe. Calinus [der Reiseführer] aber kam herbei und versicherte uns, jenes Tier sei ein Rhinozeros oder Einhorn und zeigte uns das Horn auf seiner Stirn. Mit großem Interesse betrachteten wir das überaus edle Tier und bedauerten sehr, dass es nicht näher bei uns war, sodass wir es hätten näher bestimmen können. Dieses Tier ist in vieler Hinsicht ganz einzigartig. Besonders wird von ihm gesagt, dass es sehr wild sei und mitten auf der Stirn ein einziges, vier Fuß langes Horn hat, das so spitz und stark ist, dass es alles, was immer es auch sei, erzittern lässt oder durchbohrt und an den Felsen nagelt. Auch ist das Horn von wunderbarem Glanz, und Teile davon werden zu den wertvollsten Edelsteinen gezählt und in Gold und Silber gefasst. Das Tier ist so stark, dass es die Jäger mit aller Kunstfertigkeit und Tüchtigkeit nicht fangen können: Man setzt ihm, wie die Naturforscher versichern, eine Jungfrau vor. Diese bietet dem heranstürmenden Tier den Schoß, in den es seinen Kopf legt und dabei alle Wildheit verliert. So betäubt und wehrlos wird es gefangen und von den Speeren der Jäger getötet. Wenn es aber lebendig gefangen werde, könne es nicht festgehalten werden, und bei Gewaltanwendung sterbe es vor Trauer, da es ein unzähmbares Tier ist … Es ist ein großes Tier mit dem Körper eines Pferdes, den Füßen eines Elefanten, dem Schwanz eines Schweines, von der Farbe des Buchsbaumes, mit fürchterlichem Gebrüll. Es führt Krieg mit dem Elefanten, den es besiegt, indem es ihm das Horn in die Weichteile des Körpers stößt. Und es verehrt, wie gesagt, auf wunderbare Weise

Tiere des Heiligen Landes. Kolorierter Holzschnitt aus dem 1486 in Mainz gedruckten Reisebericht des Bernhard von Breidenbach (Exemplar der Universitätsbibliothek Freiburg i. Br.)

die Jungfrauen. Pompejus dem Großen wurde, wie Albertus [Magnus] in seinem Tierbuch sagt, ein Einhorn für die Schauspiele nach Rom gebracht. Lange verweilten wir am Fuß des Berges, auf dem das Tier stand, und es schien uns, dass, wie uns sein Anblick erfreulich war, so auch unser Anblick ihm. Denn das Tier blieb stehen und entfloh erst, als wir weitermarschierten."
(Übersetzung aus dem Lateinischen durch den Autor).

Die Begegnung mit dem Einhorn bietet für Fabri den Anlass, in einem Exkurs dieses Tier näher zu beschreiben, wobei er – wohl indirekt – auf Quellen wie Megasthenes und den Physiologus zurückgreift. Die allegorische Deutung des Einhorns spielt dabei keine Rolle.

Auch Bernhard von Breidenbach erwähnt in seinem Reisebericht ein Einhorn, geht aber nicht näher darauf ein. Doch der Utrechter Holzschneider und Zeichner Erhard Reuwich, der ebenfalls an der Palästina-Reise teilnahm, illustrierte den von ihm 1486 gedruckten Bericht Breidenbachs mit den im Heiligen Land gesehenen Tieren, darunter einem Einhorn.

Wie wir schon bei Marco Polo gesehen haben, sind die Reiseberichte über das Einhorn sehr kritisch zu bewerten. Ein weiteres Beispiel soll das belegen.

1503 und in den folgenden Jahren führte der Bologneser Ludovico Vartoman Reisen in den Orient durch. Sein durch viele Irrtümer und Unrichtigkeiten gekennzeichneter Bericht erschien 1510 in einer italienischen Erstausgabe. 1515 folgte eine in Augsburg gedruckte deutsche Übersetzung mit Holzschnitt-Illustrationen von Jörg Breu d. Ä. Über seinen Besuch in Mekka schreibt Vartoman u. a. Folgendes: „Auf der anderen Seite des beschriebenen Tempels liegt ein ummauerter Hof, in dem wir zwei Einhörner sahen; und sie werden als eine wundersame Sache vorgeführt, da sie ja in der Tat etwas darstellen, worüber man staunen muss. Sie sind folgendermaßen gestaltet: Das größere von beiden sieht aus wie ein Fohlen von dreißig Monaten und trägt ein ungefähr drei Ellen langes Horn auf der Stirn; das andere war kleiner, wie es bei einem einjährigen Fohlen der Fall wäre, und besitzt ein Horn von etwa vier Spannen Länge. Die Farbe dieses Tiers ist die eines dunkel gescheckten Pferdes, und es hat einen Kopf wie ein Hirsch; der Hals ist nicht sehr lang und zeigt einige kurze Haare, die auf einer Seite herabhängen; die Beine sind zart und lang wie bei einem Reh, und sein Fuß ist vorne etwas gespalten; der Huf sieht aus wie bei einer Ziege, und an der Rückseite der Beine hat es eine Menge Haare, so viele, dass dieses Tier sehr wild scheint. Beide Tiere wurden dem Sultan von Mekka als eine sehr wertvolle und seltene Sache geschenkt, wie sie nur an wenigen Orten vorkommt; sie wurden von einem König von Äthiopien geschickt, der sie ihm zum Geschenk machte, um seine Freundschaft zu gewinnen." Seit einer Veröffentlichung von Richard Francis Burton (Personal Narrative of a Pilgrimage to Mecca and Medina, 1855) sieht man in Vartomans Einhörnern Antilopen, denen das zweite Horn fehlte.

Dame und Einhorn

Der im Physiologus und in den Bestiarien geschilderte Fang des Einhorns durch eine Jungfrau fand im Zusammenhang mit der bereits erwähnten starken Betonung des erotischen Charakters unendlich viele Ausprägungen. So wurde das Einhorn mit der Jungfrau zum Symbol der weltlichen Liebe in Minneromanen und der Minnelyrik, auf Schmuckkästchen und in zahlreichen Tapisserien.

Berühmt sind die vor oder um 1500 entstandenen sechs Wandteppiche der „Dame mit dem Einhorn" in Paris im Musée de Cluny (Musée National du Moyen Age – Thermes et Hôtel de Cluny). Sie gehören zu den so genannten Mille-fleurs-Tapisserien. Das sind im 15. und 16. Jahrhundert vorkommende Bildteppiche, die auf einfarbigem Grund zahllose kleine Blumen zeigen. Den Einhornteppichen hat der Dichter Rainer Maria Rilke, der 1902/03 als Sekretär des Bildhauers Auguste Rodin in Paris lebte, in den zwischen 1904 und 1910 geschriebenen „Aufzeichnungen des Malte Laurids Brigge" ein Denkmal gesetzt. Bei diesem Roman handelt es sich um das Tagebuch des fiktiven dänischen Adligen Brigge, des Letzten seines Geschlechts. In den Aufzeichnungen ohne kontinuierliche Handlung kommen alle prägenden Einflüsse aus Rilkes Leben zusammen. Die in dem Abschnitt über die Teppiche genannte Abelone ist eine fiktive Geliebte (Sämtliche Werke Bd. 6.1966, S. 826–829):

„Es gibt Teppiche hier, Abelone, Wandteppiche. Ich bilde mir ein, du bist da, sechs Teppiche sinds, komm, lass uns langsam vorübergehen. Aber erst tritt zurück und sieh alle zugleich. Wie ruhig sie sind, nicht? Es ist wenig Abwechslung darin. Da ist immer diese ovale blaue Insel, schwebend im zurückhaltend roten Grund, der blumig ist und von kleinen, mit sich beschäftigten Tieren bewohnt. Nur dort, im letzten Teppich, steigt die Insel ein wenig auf, als ob sie leichter geworden sei. Sie trägt immer eine Gestalt, eine Frau in verschiedener Tracht, aber immer dieselbe. Zuweilen ist eine kleinere Figur neben ihr, eine Dienerin, und immer sind die wappentragenden Tiere da, groß, mit auf der Insel, mit in der Handlung. Links ein Löwe, und rechts, hell, das Einhorn; sie halten die gleichen Banner, die hoch über ihnen zeigen: drei silberne Monde, steigend, in blauer Binde auf rotem Feld. – Hast du gesehen, willst du beim ersten beginnen?

Sie füttert den Falken. Wie herrlich ihr Anzug ist. Der Vogel ist auf der gekleideten Hand und rührt sich. Sie sieht ihm zu und langt dabei in die Schale, die ihr die Dienerin bringt, um ihm etwas zu reichen. Rechts unten auf der Schleppe hält sich ein kleiner, seidenhaariger Hund, der aufsieht und hofft, man werde sich seiner erinnern. Und, hast du bemerkt, eine niederes Rosengitter schließt hinten die Insel ab. Die Wappentiere steigen heraldisch hochmütig. Das Wappen ist ihnen noch einmal als Mantel umgegeben. Eine schöne Agraffe hält es zusammen. Es weht.

Geht man nicht unwillkürlich leiser zu dem nächsten Teppich hin, sobald man gewahrt, wie versunken sie ist: Sie bindet einen Kranz, eine kleine, runde Krone aus Blumen. Nachdenklich wählt sie die Farbe der nächsten Nelke in dem flachen Becken, das ihr die Dienerin hält, während sie die vorige anreiht. Hinten auf einer Bank steht unbenutzt ein Korb voller Rosen, den ein Affe entdeckt hat. Diesmal sollten es Nelken sein. Der Löwe nimmt nicht mehr teil; aber rechts das Einhorn begreift.

Musste nicht Musik kommen in diese Stille, war sie nicht schon verhalten da? Schwer und still geschmückt, ist sie (wie langsam, nicht?) an die tragbare Orgel getreten und spielt, stehend, durch das Pfeifenwerk abgetrennt von der Dienerin, die jenseits die Bälge bewegt. So schön war sie noch nie. Wunderlich ist das Haar in zwei Flechten nach vorn genommen und über dem Kopfputz oben zusammengefasst, sodass es mit seinen Enden aus dem Bund aufsteigt wie ein kurzer Helmbusch. Verstimmt erträgt der Löwe die Töne, ungern, Geheul verbeißend. Das Einhorn aber ist schön, wie in Wellen bewegt.

Die Insel wird breit. Ein Zelt ist errichtet. Aus blauem Damast und goldgeflammt. Die Tiere raffen es auf, und schlicht beinah in ihrem fürstlichen Kleid tritt sie vor. Denn was sind ihre Perlen gegen sie selbst. Die Dienerin hat eine kleine Truhe geöffnet, und sie hebt nun eine Kette heraus, ein schweres, herrliches Kleinod, das immer verschlossen war. Der kleine Hund sitzt bei ihr, erhöht, auf bereitetem Platz und sieht es an. Und hast du den Spruch entdeckt auf dem Zeltrand oben? Da steht: *A mon seul désir*.

Was ist geschehen, warum springt das kleine Kaninchen da unten, warum sieht man gleich, dass es springt? Alles ist so befangen. Der Löwe hat nichts zu tun. Sie selbst hält das Banner. Oder hält sie sich dran? Sie hat mit der anderen Hand nach dem Horn des Einhorns gefasst. Ist das Trauer, kann Trauer so aufrecht sein, und ein Trauerkleid so verschwiegen wie dieser grünschwarze Samt mit den welken Stellen?

Aber es kommt noch ein Fest, niemand ist geladen dazu. Erwartung spielt dabei keine Rolle. Es ist alles da. Alles für immer. Der Löwe sieht sich fast drohend um: es darf niemand kommen. Wir haben sie noch nie müde gesehen; ist sie müde? Oder hat sie sich nur niedergelassen, weil sie etwas Schweres hält? Man könnte meinen, eine Monstranz. Aber sie neigt den anderen Arm gegen das Einhorn hin, und das Tier bäumt sich geschmeichelt auf und steigt und stützt sich auf ihren Schoß. Es ist ein Spiegel, was sie hält. Siehst du: sie zeigt dem Einhorn sein Bild – ."

  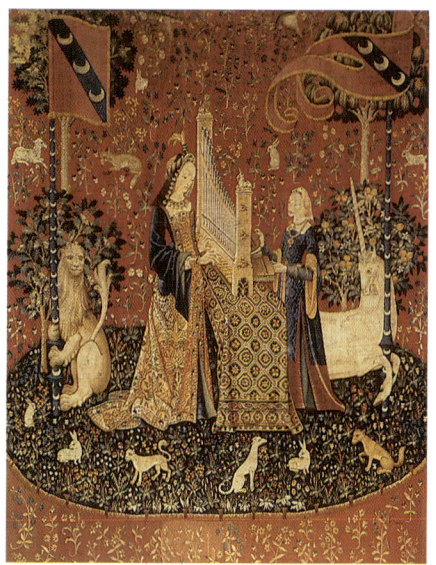

Die zwischen 3,10 und 3,78 Meter hohen und zwischen 2,90 und 4,66 Meter breiten, wohl in Nordfrankreich, Brüssel oder Flandern gewebten Teppiche umgibt ein großes Geheimnis. Auftraggeber und Anlass und damit auch die exakte Entstehungszeit, entwerfender Künstler und Werkstatt, die Bedeutung der ganzen Serie und die ursprünglich gewollte Reihenfolge sowie die Deutung des einzelnen Teppichs bleiben im Zwielicht. Unzählige Theorien wurden aufgestellt und widerlegt.

Fest steht allerdings, dass der Auftraggeber ein Pariser Mitglied der politisch einflussreichen, aus Lyon stammenden Adelsfamilie Le Viste oder Delle Viste war, weil deren Wappen (in Rot auf blauem Schrägrechtsbalken drei silberne Halbmonde) auf allen Teppichen vorkommt. Ob es aber der 1484 zum Präsidenten des Finanzgerichts aufgestiegene und 1500 verstorbene Jean (IV.) oder sein Vetter Aubert († 1493) oder dessen Sohn Antoine († 1534) war, bleibt umstritten. Die mehrfach vorgetragene These, es handle sich um ein Hochzeitsgeschenk, ist kaum haltbar, da das in diesem Fall unbedingt notwendige Wappen des Brautvaters und damit der Braut fehlt. Also kann die starke Hervorhebung des Le-Viste-Wappens nur als Betonung der politischen Bedeutsamkeit des Geschlechtes und seiner Repräsentanten gesehen werden. Stilistisch und von den Kostümen und der Haartracht her wurden die Teppiche in einem Zeitraum zwischen etwa 1470 und 1510 angesiedelt, wobei nach neueren Auffassungen eher die Zeit kurz vor oder um 1500 in Frage kommt. Was den hervorragenden Künstler betrifft, so konnte bisher kein Name genannt werden. Nur Friedrich W. Ulrichs ist sich im Zusammenhang seines weiter unten genannten Werks sicher, dass es sich nur um den der Vergessenheit anheim gefallenen Jean Perréal (auch Jean de Paris; um 1455-1530), einen französischen Architekten und Hofmaler, handeln kann.

Im Jahre 1921 stellte Albert Frank Kendrick, Konservator am Victoria-und-Albert-Museum in London, die These auf, dass es sich bei fünf der sechs Teppiche um allegorische Darstellungen der fünf Sinne handle (Fütterung des Papageien: Geschmack; an einer Rose riechender Affe: Geruch; Orgelspiel: Gehör; Hand der Dame am Horn des Einhorns: Gefühl; Einhorn im Spiegel: Gesicht); hinzu komme als eine Art Zusammenfassung der rätselhafte sechste Teppich, nach der Zeltinschrift *Mon seul désir* (etwa „Mein einziges Verlangen") benannt. Diese letztlich nicht gesicherte Fünf-Sinne-Theorie wurde auch von anderen Interpreten übernommen und kann bis heute als allgemein akzeptiert gelten. Davon abweichende Deutungen blieben eher sporadisch. Interessant ist allerdings der 1990 aufgestellte Interpretationsversuch von Gottfried Büttner („Die Dame mit dem Einhorn") auf anthroposophischer Grundlage:

Die Darstellungen werden hier als Stufen der seelischen Reifung und der seelisch-geistigen Vervollkommnung des Menschen gedeutet. Dabei symbolisiert das bisher als „Geruch" bezeichnete Bild die naturverbundene Kindheit, der „Geschmack" die erwachte Triebnatur, das Widmungsbild *(Mon seul désir)* das Erwachsenenalter, das „Gehör" die sich durch Musik übende Seele, das „Gesicht" das geistige Schauen der meditierenden Seele und das „Gefühl" die höchste Stufe der Vollkommenheit.

Sollte man sich für die Fünf-Sinne-Deutung entscheiden, so bleiben darüber hinaus noch viele ungeklärte Fragen: Sind Löwe und Einhorn nur heraldische Tiere, also Staffage, oder ist, worauf manches hinweist, zumindest das Einhorn in Verbindung mit der Dame auf zwei Teppichen liebesallegorisch zu deuten? Die Szene im „Gesichtsteppich" mit dem Einhorn, das der sitzenden Dame die Vorderfüße in den Schoß legt, erinnert sehr deutlich an den früher geschilderten

Teppich-Serie der „Dame mit dem Einhorn" im Musée de Cluny in Paris

Von links nach rechts (Seite 66 und 67): Geschmack, Geruch, Gehör, Gefühl, Gesicht und „Mon seul désir"

Fang des Einhorns durch die Jungfrau; und wenn die Dame auf dem Gefühlsteppich das Horn anfasst, so kann das durchaus als liebevolle Zähmung des Tieres angesehen werden. Ohne entsprechende Interpretationen wäre auch kaum zu erklären, warum sich die Bezeichnung „Die Dame mit dem Einhorn" (und nicht: „Die Dame mit dem Einhorn und dem Löwen") weithin durchgesetzt hat.

Wer ist des weiteren die auf allen Teppichen vertretene, fürstlich gekleidete Dame und wer die nur teilweise vorkommende, in der Literatur als Dienerin bezeichnete, kaum einfacher ausstaffierte kleinere Frau? Handelt es sich um symbolische Figuren oder ganz konkrete Personen? Friedrich W. Ulrichs identifiziert in seinem 1999 erschienenen Werk „Die Rätsel der Dame mit dem Einhorn" die fürstliche Dame durchweg mit einer hochrangigen französischen Fürstin und einem Ereignis in deren Leben: In dem Teppich „Gefühl" biete Anne de France, die Tochter König Ludwigs XI., als Regentin einem Le Viste die Erhebung in den Adelsstand an (1489/90); die Dame mit dem Spiegel („Gesicht") sei Jeanne de France nach ihrer 1498 erfolgten Scheidung von König Ludwig XII. von Frankreich; in allen anderen Tapisserien sei die zuerst dem deutschen König und späteren Kaiser Maximilian durch Prokuration angetraute und später mit Karl VIII. und Ludwig XII. von Frankreich vermählte Anne de Bretagne in den Jahren 1490-1504 zu sehen.

Was bedeuten die fast auf allen Teppichen vorkommenden vier Bäume (Stechpalme, Eiche, blühender Orangenbaum und Pinie) und was die unzähligen Blüten und Tiere auf der blaugrünen Insel und dem roten Hintergrund? Auch hier spricht vieles für eine minneallegorische Interpretation.

Im Zentrum aller Fragen steht der sechste Teppich. Schon die Zeltinschrift ist umstritten. Heißt sie nach einer lange vertretenen Lesung *À mon seul désir* („Meinem einzigen Verlangen") oder, wie neuerdings mit guten Argumenten vorgetragen, *Mon seul désir*? Was bedeuten im letzten Fall die halb hinter den Seilen verborgenen Buchstaben „A" und „I" oder „V" am Anfang und Ende der Inschrift? Ist mit „A" Antoine Le Viste als Auftraggeber gemeint? Und was soll die Inschrift *Mon seul désir* („Mein einziges Verlangen" oder „Meine einzige Sehnsucht") besagen? Ist es die Devise der Familie Le Viste? Oder bringt die Dame mit dem Spruch zum Ausdruck, dass sie auf die durch die Sinne erfahrbaren Leidenschaften verzichtet und sich dem Übersinnlichen zuwendet? Eine solche Deutung ist nur möglich, wenn der Gestus der Dame als Ablegen des Schmucks und Hineinlegen in die Schatulle gesehen wird, und nicht als Herausnehmen des Kleinods.

Wie wir gesehen haben, bleiben fast alle Fragen offen. Auch die Geschichte der Tapisserien ist erst ab 1660 dokumentarisch fassbar, als die Stücke anlässlich einer Heirat in das Schloss Boussac (Département Creuse) gelangten. Dort blieben sie auch nach der Übernahme des Schlosses durch die Gemeinde Boussac im Jahre 1835. Schließlich kaufte im Jahre 1882 der französische Staat die Serie und ließ sie in das Musée de Cluny verbringen, wo für sie nach dem Zweiten Weltkrieg ein runder Saalbau geschaffen wurde. Sie wurden im 19. Jahrhundert durch unzureichende Unterbringung beschädigt und inzwischen mehrfach restauriert.

Nach 1835 hatte vor allem die französische Schriftstellerin George Sand (1804-76) die lange in Vergessenheit geratenen Teppiche einer größeren Öffentlichkeit bekannt gemacht. Sand, eine Vorkämpferin der Frauenemanzipation und der freien Liebe, schrieb „Jeanne", einen Dorfroman, der von einem sittsamen Dienstmädchen handelt und zuerst 1844 in Fortsetzungen in einer Pariser Zeitschrift erschien. Darin spielt die Halle des Schlosses von Boussac eine wichtige Rolle, und die dort aufgehängten „rätselhaften" Teppiche werden als Meisterwerke gepriesen.

Rainer Maria Rilke, von dem oben bereits die Rede war, hat sich von den Cluny-Teppichen nicht nur zu Passagen in einem Roman, sondern auch zu drei Gedichten inspirieren lassen. Das erste ist ein am 9. Juni 1906 entstandenes, erst postum veröffentlichtes Widmungsgedicht für Stina Frisell, die Rilke bei seinem Aufenthalt in Schweden 1904 kennen gelernt hatte.

LA DAME À LA LICORNE
(Teppiche im Hôtel de Cluny)

Frau und Erlauchte: sicher kränken wir
oft Frauen-Schicksal das wir nicht begreifen.
Wir sind für euch die Immer-noch-nicht-Reifen
für euer Leben, das, wenn wir es streifen
ein Einhorn wird, ein scheues, weißes Tier,

das flüchtet ... und sein Bangen ist so groß,
dass ihr es selber / wie es schlank entschwindet /
nach vielem Traurigsein erst wiederfindet,
noch immer schreckhaft, warm und atemlos.

Dann bleibt ihr bei ihm, fern von uns, – und mild
gehn durch des Tagwerks Tasten eure Hände;
demütig dienen euch die Gegenstände,
ihr aber wollt nur diesen Wunsch gestillt:
dass einst das Einhorn sein beruhigtes Bild
in eurer Seele schwerem Spiegel fände. –

In der beigegebenen Widmung nennt Rilke den Anlass für das Gedicht: „Zum Gedächtnis gemeinsamen Schauens und Erlebens (in den ersten Junitagen 1906) vor den Teppichen der edlen Dame aus dem Hause Le Viste im Hôtel de Cluny."

Das zweite Gedicht gehört zu den neuen Gedichten des mittleren Werks und entstand im Winter 1905/06 in Meudon.

DAS EINHORN

Der Heilige hob das Haupt, und das Gebet
fiel wie ein Helm zurück von seinem Haupte:
denn lautlos nahte sich das niegeglaubte,
das weiße Tier, das wie eine geraubte
hülflose Hindin mit den Augen fleht.

Der Beine elfenbeinernes Gestell
bewegte sich in leichten Gleichgewichten,
ein weißer Glanz glitt selig durch das Fell,
und auf der Tierstirn, auf der stillen, lichten,
stand, wie ein Turm im Mond, das Horn so hell,
und jeder Schritt geschah, es aufzurichten.

Das Maul mit seinem rosagrauen Flaum
war leicht gerafft, so dass ein wenig Weiß
(weißer als alles) von den Zähnen glänzte;
die Nüstern nahmen auf und lechzten leis.
Doch seine Blicke, die kein Ding begrenzte,
warfen sich Bilder in den Raum
und schlossen einen blauen Sagenkreis.

Dieser blaue Sagenkreis nimmt Bezug auf die ovalen blauen Inseln der Cluny-Teppiche.

Rilkes berühmtestes Einhorngedicht wurde 1922 in Muzot geschrieben und findet sich im zweiten Teil der Sonette an Orpheus. Der häufig als Motto verwendete Anfangsvers wird immer wieder zitiert.

O dieses ist das Tier, das es nicht giebt.
Sie wußtens nicht und habens jeden Falls
- sein Wandeln, seine Haltung, seinen Hals,
bis in des stillen Blickes Licht – geliebt.

Zwar war es nicht. Doch weil sie's liebten, ward
ein reines Tier. Sie ließen immer Raum.

Und in dem Raume, klar und ausgespart,
erhob es leicht sein Haupt und brauchte kaum

zu sein. Sie nährten es mit keinem Korn,
nur immer mit der Möglichkeit, es sei.
Und die gab solche Stärke an das Tier,

dass es aus sich ein Stirnhorn trieb. Ein Horn.
Zu einer Jungfrau kam es weiß herbei –
und war im Silber-Spiegel und in ihr.

Rilke bemerkte dazu in einem Brief an die Gräfin Sizzo vom 1. Juni 1923: „Das Einhorn hat alte, im Mittelalter immerfort gefeierte Bedeutungen der Jungfräulichkeit: daher ist behauptet, es, das Nicht-Seiende für den Profanen, sei, sobald es erschiene, in dem Silberspiegel, den ihm die Jungfrau vorhält und ‚in ihr‘, als in einem zweiten ebenso reinen, ebenso heimlichen Spiegel … Alles was ‚Anspielung‘ wäre, widerspricht für meine Überzeugung, dem unbeschreiblichen *Da-Sein* des Gedichts. So ist auch im Einhorn keine Christus-Parallele mitgemeint: sondern nur alle Liebe zum Nicht-Erwiesenen, Nicht-Greifbaren, aller Glaube an den Wert und die Wirklichkeit dessen, was unser Gemüt durch die Jahrhunderte aus sich erschaffen und erhoben hat, mag darin gerühmt sein." Der erste Teil des Briefzitats wurde in die Sämtlichen Werke übernommen, in die Anmerkungen zu den Sonetten an Orpheus.

Die Cluny-Teppiche haben nicht nur Rilke inspiriert, sondern auch den französischen Schriftsteller Jean Cocteau (1889-1963). Sein Ballett mit der Musik von Jacques Chailley trägt den Titel „Die Dame mit dem Einhorn". Die Handlung endet mit dem Tod des Einhorns.

Eine Beschreibung der Tapisserien findet sich auch bei dem 1933 geborenen niederländischen Schriftsteller, Journalisten und Literaturkritiker Cees Nooteboom, der neben Romanen und Erzählungen auch zahlreiche Gedichte und Liedtexte verfasste. Besonders bekannt sind seine poetischen Reisebücher. Für den 1997 bereits auch schon in deutscher Übersetzung erschienenen Reisebericht über verschiedene europäische Metropolen wurde das den Cluny-Teppichen gewidmete Kapitel „Die Dame mit dem Einhorn" titelgebend.

Eine zweite, oft in einem Atemzug mit den Cluny-Tapisserien genannte, künstlerisch vergleichbare Teppichserie befindet sich heute in New York, im Metropolitan Museum of Art, The Cloisters. Sie ist wohl nach dem Entwurf einer Pariser Werkstatt etwa zwischen 1495 und 1505 in Flandern oder Brüssel entstanden, in manchem ähnlich, doch in den Darstellungen stark abweichend. Auf sieben Mille-fleurs-Teppichen wird in dramatischen Szenen die Jagd, Tötung und

Zeichnung von Jean Cocteau zu seinem Ballett „Die Dame mit dem Einhorn"

Aus der Teppich-Serie der Einhornjagd in „The Cloisters", New York
links: Aufbruch zur Jagd
rechts: Das gefangene Einhorn

Auferstehung des Einhorns geschildert. Auf dem ersten Teppich werden reich gekleidete Männer mit Hunden beim Aufbruch zur Jagd gezeigt. Erst in der zweiten Szene erscheint das Einhorn, wie es mit seinem Horn das Wasser von Gift reinigt. Es ist umgeben von wilden und zahmen Tieren und bereits umringt von den zahlreicher gewordenen Jägern. Auf dem dritten und vierten Teppich wird das Einhorn angegriffen, sucht zu entkommen, wehrt sich und spießt mit seinem Horn einen Jagdhund auf. Die fünfte, nur in zwei Bruchstücken erhaltene Tapisserie zeigt einen ins Horn stoßenden Jäger mit vier Hunden und eine Jungfrau, die hinter dem Einhorn steht und abwehrend die Hand hebt. Auf dem sechsten Teppich wird das Einhorn durchbohrt und getötet und in einer zweiten Szene auf dem Rücken eines Pferdes zur Burg gebracht. Damit könnte die Geschichte zu Ende sein. Doch auf dem siebten Teppich ist das Einhorn wieder lebendig, aber aus seinen Wunden blutend zu sehen. In einem Garten von tausend Blumen liegt es da, eingepfercht in ein Gatter und mit goldener Kette an einen Granatapfelbaum gebunden. Anne Morrow Lindbergh, die Gattin des ersten Atlantiküberfliegers im Alleinflug Charles Augustus Lindbergh, schrieb dazu ein längeres Gedicht: „The Unicorn in Captivity" (Das Einhorn in Gefangenschaft).

Auch bei dieser Teppichserie bleibt vieles umstritten und ungeklärt, so die auch für die Deutung wichtige Frage nach dem Anlass der Entstehung und der ursprünglichen Zusammengehörigkeit der Einzelstücke. Nach einer der Theorien sollen die Teppiche 2 bis 6 als Gabe für die Hochzeit von Anne de Bretagne mit Ludwig XII. von Frankreich (1499) gefertigt worden und der erste und siebte Teppich erst nachträglich als Geschenk für Annes Tochter Claude entstanden sein, vielleicht anlässlich ihrer Hochzeit mit dem späteren König Franz I. von Frankreich (1514). Was Claude betrifft, steht im Widerspruch dazu die Deutung der auf allen Teppichen mehrfach vorkommenden, miteinander verknoteten Buchstaben „A" und (spiegelbildlich) „E", als Anfang und Ende des Namens Anne. Die verschieden ausgelegten Initialen „F" und „R" auf dem dritten Teppich wurden auf jeden Fall erst später hinzugefügt.

Wie die Beschreibung der Tapisserien zeigte, kehren die bekannten Motive der Entgiftung des Wassers und der Jagd auf das Einhorn wieder. Die Szene der beiden Bruchstücke erinnert an die mystische Einhornjagd, die hier ins Weltliche transponiert wird. Die unzähligen Pflanzen, Blumen, Bäume und Tiere fanden zahlreiche Interpretationen. Das siebte Bild wurde verschieden ausgedeutet. So wurde es im Rahmen der Minneallegorie gesehen als Zeichen für den Liebhaber, der von seiner Dame mit der goldenen Kette der Ehe gefangen gehalten wird und sich in dieser Gefangenschaft durchaus wohl fühlt. Der Granatapfel, an dessen Baum das Einhorn gekettet ist, könnte in diesem Zusammenhang in der Tradition der Antike auf die Fruchtbarkeit der Beziehung hinweisen. Für andere Forscher ist dagegen das aus seinen Wunden blutende Einhorn ein Symbol für den auferstandenen Christus, zu dem ebenfalls der Granatapfel passt. Demzufolge wird dann die ganze Serie als Bild für die Verfolgung und Passion Christi gesehen. Dazu könnte dann die Deutung der bereits erwähnten Buchstaben „A" und „E" auf Adam und Eva, das Paar der Ursünde, passen.

Die durchweg 3,68 m hohen und zwischen 2,52 und 4,27 Meter breiten Tapisserien kamen wohl schon früh in den Besitz der Familie La Rochefoucauld und gelangten zwischen 1680 und 1728 in deren Schloss Verteuil in Südwestfrankreich. Während der Französischen Revolution beschlagnahmt, gehörten sie später wieder den La Rochefoucaulds. In den Zwanzigerjahren des 20. Jahrhunderts wurden sie von John D. Rockefeller jr. gekauft und 1937 dem Metropolitan Museum of Art geschenkt. Hinzu kamen dann noch die beiden Fragmente, die in den Kauf von Rockefeller nicht einbezogen worden waren.

Älter als die beiden Teppichserien ist eine Einzeldarstellung der Jungfrau mit dem Einhorn auf einem um 1310/20 entstandenen gestickten Webteppich im Augustinermuseum in Freiburg i. Br. Er diente als Bankbehang, gehörte früher dem Freiburger Dominikanerinnenkloster Adelhausen und heißt nach dem Stifterpaar „Maltererteppich". Acht Medaillons enthalten figürliche Szenen zum Thema „Weiberlisten" bzw. „Minnesklaven". In vier Bildpaaren wird je ein Held des Alten Testaments, der griechischen und römischen Geschichte und der mittelhochdeutschen Dichtung und seine Erniedrigung als verliebter Tor durch eine

Jungfrau mit dem Einhorn, Medaillon des Maltererteppichs (um 1310/20)

Frau gezeigt. So wird geschildert, wie Dalila dem altisraelischen Richter Samson das Haupthaar abschneidet und ihm damit seine Kraft raubt oder wie Phyllis den berühmten Philosophen Aristoteles als Reittier benutzt und ihn dadurch demütigt. Umstritten ist, wie in diesem Kontext die Jungfrau mit dem Einhorn auf einem Einzelmedaillon zu interpretieren ist. Die Übertölpelung des Einhorns durch eine Jungfrau kann vortrefflich als „Weiberlist" gesehen werden, zumal auch in anderen mittelalterlichen Darstellungen die Aristoteles-Phyllis-Gruppe zusammen mit dem Einhornfang vorkommt. Doch ist auch eine Deutung der Szene als überirdische Liebe im Gegensatz zu den Beispielen irdisch-sinnlicher Liebe möglich.

Einhornjagd am Rathauserker, Freiburg i. Br., Aufn. vom Autor

Ein ganz anderes, besonders schönes Beispiel der Dame mit dem Einhorn ist ein Relief am linken Erker des Neuen Rathauses von Freiburg i. Br. Näheres dazu findet sich bei Peter Paul Albert, „Die Einhornjagd in der Literatur und Kunst des Mittelalters, vornehmlich am Oberrhein", in: Schauinsland Bd. 25 (1898), S. 83–86:

„Eine ganz besonders eigenartige Darstellung der Einhornjagd ist diejenige am ehemaligen alten Universitäts-, nunmehrigen neuen Rathausgebäude hier zu Freiburg aus dem Jahre 1543. Dieselbe geht auf den damaligen Besitzer des Hauses, genannt ‚zum Rechen', den Dr. med. Joachim Schiller von Herdern zurück … Joachim Schiller war ebenso wie sein seit 1490 in Freiburg ansäßiger Vater eine Berühmtheit auf dem medizinischen Gebiete seiner Zeit … Im Jahre 1539 begann er das nach dem Tode seines Vaters 1534 in der Stadt angekaufte, rechter Seite an das damals neue Kollegiengebäude (‚zum Phönix'), links an den heutigen Franziskanerplatz stoßende Haus ‚zum Rechen' von Grund aus neu aufzubauen. Der damals im Kellergeschoss eingemauerte Grundstein mit seinem Wappen … ist heute noch an der gleichen Stelle unverletzt erhalten. Der Wappenschild ist geviert und zeigt im ersten und vierten [richtig: im zweiten und dritten] Feld ein mit der Spitze schräglinks gestelltes Pfeileisen, im zweiten und dritten [richtig: im ersten und vierten] Feld einen Querbalken, darüber ein wachsendes Einhorn. Im Erker dieses seines … Hauses hat Joachim Schiller die Einhornjagd, wozu er die Idee wohl in dem Thierbild seines Wappens fand, in Relief und Stein darstellen lassen. In der Ausführung, deren genauer Entwurf sicher von ihm selber stammt, wich er aber von der landläufigen Darstellung der sogenannten himmlischen Jagd vollständig ab. Er hat sie aus der gewohnten Darstellungsmethode herausgehoben und ganz dem Geiste des Humanismus, der ihn beseelte, angepasst, wie die ohne Zweifel gleichfalls von seiner Hand herrührenden Distichen darauf beweisen. Die Verse lauten: ‚Alte habitat virtus … a terrenis mente levata fides.' *(Hoch thront die Tugend, des herrlichsten Lohnes bewusst sich. Den nicht Gemeinheit gewinnt, noch wer im Finstern schleicht. Einziges Heil ist das Einhorn und, die dessen theilhaftig, Die Jungfrau: erdenerhabener Glaub')*. Der Sinn dieser etwas schwerfälligen und mehrdeutigen Allegorie ist nicht ganz klar … Aber auch die Jungfrau ist nicht als die heilige Jungfrau dargestellt, sondern als weltliches Weib, in reichen, irdischen Putz gehüllt. Die Gestalt des Einhorns mit gerade gewundenem Horn und kurzer gekräuselter Mähne ist edel gehalten und gleicht sehr einem Pferde. Rechts davon ist ein ins Horn stoßender Genius (nackter Flügelknabe) mit einem Hund an der Leine zu sehen … An der Tafel mit der Inschrift hängt Schillers Wappen. Das Ganze macht einen harmonischen, kunstreichen Eindruck, dürfte aber dem damaligen Beschauer ebenso räthselhaft gewesen sein wie dem heutigen. Der Kern der Legende von der Jungfrau, die allein das Einhorn zu gewinnen vermag, ist wohl in nicht zu verkennender Weise zum Ausdruck gebracht, und der jagende Engel scheint auch die Beziehung auf die Menschwerdung Christi aus Maria nahe zu legen. Aber der Vers scheint eine andere, allen bekannten Darstellungsweisen fremde Allegorie zu verlangen. Es ist durchaus nichts Religiöses oder Kirchliches, es sind auch keine Spruchbänder mit Bibelstellen, keine Heiligenscheine, keine Attribute der Jungfräulichkeit der Gottesmutter vorhanden, sodaß wir es hier vielleicht einfach mit einer der sinnlichen Darstellungen der Einhornjagd zu thun haben."

Das gevierete Wappen des Joachim Schiller mit Einhorn und Pfeileisen dient heute als Emblem des Bürgervereins Freiburg-Herdern. Als solches ist es in Freiburg abgebildet auf einer Tafel in einer Hofeinfahrt, auf einem Pflastermosaik von 1990 am Anfang der Sandstraße und auf einer Fensterscheibe der Gerichtslaube, des ersten Freiburger Rathauses.

Wappen und Embleme

Wappen sind im Zusammenhang mit dem Kriegswesen in der ersten Hälfte des 12. Jahrhunderts in West- und Mitteleuropa entstanden. Durch die Entwicklung der Rüstungen, die die ganze Person einschließlich des Gesichts verbargen, war ein Mittel zur Unterscheidung der Ritter für Freund und Feind notwendig geworden, nicht zuletzt in den Kreuzzugsheeren. So wurden die Einzelkämpfer mit einem farbigen, leicht erkennbaren Abzeichen auf dem Helm und dem Schutzschild ausgestattet. Diese Erkennungszeichen, die sich auch mit dem Turnierwesen verbreiteten, wurden dann zu ständigen Kennzeichen der Ritter und ihrer Familien. Der Wappengebrauch dehnte sich im 13. und 14. Jahrhundert auf Herrschaftsgebiete, Städte, Klöster, Bürger und Zünfte aus. Inzwischen war auch durch den Wandel der Waffentechnik im Spätmittelalter die militärische Notwendigkeit eines Abzeichens weggefallen. Doch die Bedeutung des Wappens nahm eher zu. Aus dem Schutzschild war der Wappenschild mit Helm und Helmzier geworden.

Neben vielen anderen Tieren taucht das Einhorn in zahlreichen Wappen von Personen, Familien, Gemeinschaften, Firmen, Gemeinden, Städten und Ländern auf, als Symbol der Kraft und Stärke, aber auch teilweise im Widerspruch dazu der Demut, Reinheit und Keuschheit. Ein regierender Fürst der italienischen Adelsfamilie Farnese mag das Einhorn in seinem Wappen eher im erstgenannten Sinn ausgedeutet haben, während der Farnese-Papst Paul III. (1468-1549) in dem Tier ein Zeichen für seine Demut und Bescheidenheit gesehen haben dürfte. Ganz eindeutig ausgedrückt ist diese Sicht in einer Kartusche von 1752 am Chorbogen der barocken Benediktinerkirche Ettal: ein Einhorn – das Wappentier von Abt Benedikt III. Pacher – geht vor dem Gnadenbild Mariens in die Knie.

Eines der bekanntesten heraldischen Einhörner findet sich zusammen mit dem Löwen als Schildhalter des Wappens von Großbritannien. Es stammt aus dem Wappen des früheren Königreichs Schottland. Peter de Mendelssohn schreibt dazu in dem Buch „Einhorn singt im Regen" mit dem Untertitel „Zauber und Zwiespalt der englischen Welt" (1952) ganz am Anfang: „Löwe und Einhorn sind Englands Wappentiere. Aufrecht auf ihren Hinterbeinen stehend, den Blick dem Beschauer zugewandt, halten sie in ihrer Mitte den viergeteilten Wappenschild des Vereinigten Königreichs mit den Vorderpfoten umschlungen, Löwe links, Einhorn rechts … Der Löwe bleckt die Zunge und trägt ein Krönlein auf dem Haupt, wie Maß und Würde es wollen; das Einhorn, skurriles Tier, trägt die Krone als Krause um den Hals und überdies eine Kette lose und nicht allzu

Wappen von Großbritannien

beschwerlich um den Leib geschlungen, als müsse es von Zeit zu Zeit ein wenig fester an die Hand genommen werden. Auch zu Häupten des Wappenschilds, welchen beide Tiere halten, sitzt die Krone, und darum rankt sich das Spruchband, welches besagt, verrucht sei jener, welcher sich Böses dabei denke [‚Honni soit qui mal y pense'; Devise des Hosenbandordens]. Darunter ist ein zweites. Es beruft sich auf französisch auf Gott und der Königin Recht [‚Dieu et mon droit'; Wahlspruch des britischen Königshauses]."

Das Einhorn im Wappen von Großbritannien wurde, wie gesagt, aus dem Wappen des Königreichs Schottland übernommen. Wie es dorthin gelangte, ist ungeklärt. In sehr schönen Darstellungen findet es sich im Gebetbuch Jakobs IV. von Schottland etwa aus dem Jahre 1503 und im Geburtszimmer Jakobs VI. im Schloss von Edinburgh. Der Schild des schottischen Löwenwappens wird gehalten von zwei Einhörnern. Jakob VI. von Schottland (1566-1625), Sohn von Maria Stuart, vereinigte im Jahr 1603 als Jakob I. die beiden Königreiche von England (mit Irland) und Schottland in Personalunion, aus der 1707 eine Realunion wurde (Königreich Großbritannien). Das Einhorn findet man heutzutage noch überall in Schottland: über Schlossportalen und an Eisenbahnstationen, auf Meilensteinen und Hausmauern, auf vielen so genannten Stadt- bzw. Marktkreuzen, einer hohen Säule in der Mitte der Städte und Gemeinden (z. B. in Edinburgh oder Inverness). Einigen schottischen Clans dient das Einhorn als Abzeichen.

1714-1837 waren die Kurfürsten bzw. Könige von Hannover in Personalunion auch Könige von Großbritannien. Kein Wunder, dass Löwe und Einhorn als Schildhalter in das Wappen Hannovers übergingen. In der Stadt Hannover ist es noch mehrfach zu finden, so am Dreiecksgiebel des früheren Leineschlosses, des heutigen Landtagsgebäudes von Niedersachsen.

Zahlreiche Adelsgeschlechter und auch viele bürgerliche Familien führten und führen das Einhornwappen im Schild. Es findet sich in der Manessischen Liederhandschrift bei dem Minnesänger Dietmar von Aist. Auf der Isola Bella im Lago Maggiore ist das Einhorn als Wappentier der Borromäer allgegenwärtig: auf Teppichen im Schloss, auf einem Grabdenkmal in der Schlosskapelle, als Wetterfahne, an der Mauer des Mosaikgartens und, alles überragend, auf der Spitze des Amphitheaters in den Barockgärten, nur auf den Hinterbeinen stehend nach vorne aufgerichtet und beritten von einem feurigen Genius. Das Amphitheater ist eine Zusammenstellung von architektonischen Elementen und Skulpturen.

Dass der Maler, Zeichner und Grafiker Hans Baldung, genannt Grien (1484/85-1545), aus Schwäbisch Gmünd stammte und mit seiner Familie von dieser Stadt das Einhorn als Wappentier übernahm, wurde bereits erwähnt. In seinem Werk kommt das Familienwappen mehrfach vor: selbstständig mit Schild und entsprechender Helmzier als Holzschnitt (2 Versionen, um 1530) und als Helmzierstudie in der Form einer weiß gehöhten Pinselzeichnung (London, Britisches Museum; 1544), daneben aber auch als Beigabe zu einem Holzschnitt („Der behexte Stallknecht", um 1534). Als der Dichter Friedrich Schiller in den

Wappen von Schottland im Gebetbuch König Jakobs IV. (Handschrift; Flandern, um 1503; cod. 197 der Österreichischen Nationalbibliothek in Wien, fol. 14v).

Wappen Friedrich von Schillers

rechts außen:
Einhornwappen von Schwäbisch Gmünd auf einer Wappentafel des Augustinerklosters von 1500. Schwäbisch Gmünd, Museum für Natur & Stadtkultur im Prediger

Messgewand mit dem Einhornwappen der Äbtissin Adelheid Lohrmann. Baden-Baden, Zisterzienserinnenabtei Lichtenthal, Aufn. vom Autor

Adelsstand erhoben wurde, wählte er das Einhorn zum Wappentier, da es bereits vorher in seiner Familie gebräuchlich war und möglicherweise auf den bereits genannten Joachim Schiller zurückgeht.

Auch die 1947 zur Äbtissin der Zisterzienerinnenabtei Lichtenthal in Baden-Baden gewählte Adelheid Lohrmann aus Krefeld († 1974) entschied sich für das Einhorn und ließ sogar ein Messgewand mit ihrem Wappen anfertigen.

Viele Gemeinden und Städte in Deutschland und Europa führen das Einhornwappen. Erwähnt seien Bludenz in Vorarlberg, Giengen an der Brenz, Oberried im Breisgau, Saverne im Elsass, Schwäbisch Gmünd, Seefeld in Tirol und Tengen im Hegau.

Sicher nicht unbeeinflusst von der Wappenkunst erschien das Einhorn vornehmlich im 16. Jahrhundert als Zeichen von Buchhändlern und Buchdruckern. Und seit dem 20. Jahrhundert kam bzw. kommt es mehrfach in Verlagssignets vor. Auch die Fülle der Einhorn-Wasserzeichen im Spätmittelalter geht sicher auf heraldische Vorbilder zurück.

Nicht als Zeichen für eine Person, aber als Zeichen für das Bucheigentum einer Person fungiert das seit dem Ende des 15. Jahrhunderts gebräuchliche Exlibris. Auch hier taucht, besonders seit dem 20. Jahrhundert vermehrt das Einhorn auf.

Besonders hingewiesen sei auf das Einhorn als Zeichen für einen Stadtteil von Siena. Die Einteilung der Stadt in verschiedene Bezirke (Contrade) ist erstmals in der Verfassung von 1262 erwähnt. Die Zugehörigkeit zu einem bestimmten, durch ein Tier oder ein anderes Zeichen charakterisierten Stadtteil spielte im politischen und sozialen Leben der Stadt lange eine wichtige Rolle. Heute ist sie nur noch bei Festen und beim traditionellen Pferderennen, dem Palio, am 2. Juli und am 16. August eines jeden Jahres von Belang. Wie bei anderen der heute 17 Stadtbezirke ist auch bei der Contrada des Einhorns das namengebende Zeichen auf Fahnen, Kopftüchern und vielen anderen Gegenständen und Souvenirartikeln und auf der Uniform des Palio-Reiters abgebildet.

Die Emblematik, eine aus Bild und Text zusammengesetzte Kunstform, spielte – ausgehend von einem 1531 erschienenen Werk des italienischen Rechtsgelehrten Andrea Alciato – in Publikationen des 16. und 17. Jahrhunderts eine wichtige Rolle. Durch die Entschlüsselung von verborgenen Sinnbezügen versuchten die Emblematiker, mithilfe von Bild und Wort zu einem vertieften Wirklichkeitsverständnis zu kommen. In den – jeweils aus einem Bild, einem Motto und der entsprechenden Deutung zusammengesetzten – Emblemen kommt auch mehrfach das Einhorn vor. Genannt seien die bekanntesten Beispiele:

1. Das Bild: Das Einhorn reinigt mit seinem Horn eine Quelle von Schlangen. Das Motto: *„Nil inexplorato"* („Nichts ohne Untersuchung"). – In der Deutung gilt das Einhorn als Sinnbild der Umsicht. Dabei gleichen übel wollende Menschen gefährlichen Schlangen, vor deren Gift man sich hüten soll.
2. Das Bild: Das Einhorn neben einer Truhe mit Schätzen. Das Motto: *„Pretiosum quod utile"* („ Kostbar ist, was nützlich ist"). – In der Deutung wird das Horn als kostbar bezeichnet, weil es durch die Neutralisierung von Gift großen Nutzen bringt.
3. Das Bild: Das Einhorn legt den Kopf in den Schoß einer Jungfrau. Das Motto: *„Hoc virtutis amor"* („ Das bewirkt die Liebe zur Tugend"). – In der Deutung wird die Macht der Keuschheit gepriesen, die stark genug ist, selbst dieses wilde Tier zu bezwingen.
4. Das Bild: Das Einhorn entgiftet mit seinem Horn das Wasser. Das Motto: *„Victrix casta fides"* („Reine Treue ist Siegerin"). – In der Deutung wird das Tier, das nur von einer Jungfrau gefangen werden kann, als Beschützer der Keuschheit gelobt. In den Schlusszeilen allerdings wird – entsprechend dem Motto – das Einhorn als Symbol Gottes gedeutet, auf den zu vertrauen vor allen Gefahren schützen soll.
5. Das Bild: Das Einhorn in Pferdegestalt. Das Motto: *„Prae oculis ira"* („Den Zorn vor Augen"). – In der Deutung dient das Einhorn der Versinnbildlichung des (beherrschten) Zorns. Entscheidend ist nicht der Zorn, sondern die Tatsache, dass das Horn als Instrument des Zorns zwischen den Augen, den Mitteln der Unterscheidung, steht.

Die beiden Hauptmotive der geschilderten, teilweise schwer verständlichen emblematischen Einhornsymbolik – Wasserentgiftung und Fang durch die Jungfrau – gehen auf den Physiologus und von dort auf ältere Quellen zurück.

Verlagssignet von Melchior Lechter, 1908

Das Einhorn entgiftet das Wasser. Aus: Nicolaus Reusner, Emblemata. Frankfurt 1581

Die heilende Kraft des Horns

Schon Ktesias und Megasthenes berichten von der Wirksamkeit des Einhornhornes bei Vergiftungen. Im Physiologus ist von der Entgiftung des Wassers durch das Einhorn und von dem Horn als nützlichem Gegenmittel gegen Schlangengift die Rede. So war der Glaube an die heilende Wirkung des Horns in Europa vom 11. bis zum 17. Jahrhundert weit verbreitet. In pulverisierter Form diente es als Gegenmittel bei vielen Krankheiten: Epilepsie, Fieber, Pest, Leibschmerzen, Erkältungskrankheiten, Skorbut, Geschwüre, Wassersucht, Gicht, Schwindsucht, Ödem, Husten, Herzklopfen, Ohnmachtsanfälle, Krämpfe, Mumps, Rachitis, Melancholie, Bleichsucht, Verstopfung und Kinderkrankheiten. Es fand aber auch als Aphrodisiakum und Potenzmittel Verwendung. In vielen Rezepten kam Einhornpulver vor, das die Apotheker für teures Geld verkauften und auch Quacksalber auf Jahrmärkten anboten. Martin Luther, der in seiner Bibelübersetzung das Einhorn problemlos aus seiner Vorlage übernahm, schluckte noch kurz vor seinem Tod zwei Löffel Einhornpulver in Wein. In „Kinder-Apotheckgen" des L. Christoph Hellwig (Leipzig 1700) steht folgendes Rezept gegen das Freißel (vermutlich Masern): „Wann die Kinder das Freißel kriegen. So gebe man ihnen Einhorn in Cardubenedicten-Wasser ein und räuchere sie mit Myrrhen und laß sie auch schwitzen und halte sie warm."
(Aus: Urs Rahm, Dem Einhorn auf der Spur. Zur Zoologie des Einhorns. In: Sandoz-Bulletin 84. 1988, S. 28)

Besonders begehrt war das Einhornhorn bei weltlichen und geistlichen Herrschern und Fürsten. Sie konnten es sich leisten, ganze Hörner zu erwerben, die sehr teuer waren und an vielen Höfen zu den kostbarsten Besitztümern zählten. Das Trinken aus einem Hornbecher sollte Schutz bieten vor einem ständig befürchteten Giftanschlag auf das Leben. Die Liste der Fürsten, die „Einhörner" besaßen und sich von Goldschmieden silberne Fassungen anfertigen ließen, ist lang: mehrere englische Könige (Elisabeth I. und ihr Nachfolger Jakob I. u. a.), französische Fürsten (darunter Karl der Kühne von Burgund), die Dogen von Venedig und die Medici in Florenz, die Päpste Julius III. und Clemens VII., polnische Könige, russische Zaren und türkische Sultane.

Woher stammen nun die Hörner? Bei den durch die Jahrhunderte hindurch in den Apotheken verkauften „gegrabenen oder echten Einhörnern" handelte es sich um bei Grabungen immer wieder entdeckte Mammut-Stoßzähne. Hinzu kamen

Plakat eines Londoner Arztes, 17. Jahrhundert

etwa seit dem 13. Jahrhundert und vor allem nach 1600 Narwalzähne. Der im Hohen Norden, besonders nördlich des Polarkreises vorkommende Narwal (Monodon monoceros) gehört zur Familie der Gründelwale. Beim Männchen kommt im Allgemeinen im Oberkiefer nur der linke Schneidezahn zum Durchbruch und entwickelt sich zu einem gedrehten Stoßzahn mit einer Länge bis zu 2,5 Metern. Dieser Stoßzahn, über dessen Funktion bei Zoologen Uneinigkeit herrscht, fand in der Pharmazie als „echtes Einhorn" Verwendung. Norwegische und arktische Fischer trieben damit einen höchst einträglichen

Handel. Auf zwei Wegen gelangten die Narwalzähne nach Mittel- und Südeuropa: a) auf den Karawanenstraßen nach Konstantinopel und von dort nach Genua. b) auf dem Seeweg von Island und Grönland nach Amsterdam.

Seit dem 16. Jahrhundert kam der Glaube an die Existenz des Einhorns und die Heilkraft des Horns ins Wanken. In einer reichen naturwissenschaftlich-medizinischen Literatur erschienen zwischen 1550 und 1700 in Europa etwa 25 Abhandlungen über das Einhorn. Als Erster wandte sich Andrea Marini in seiner 1566 in Venedig erschienenen Schrift „Discorso contra la falsa opinione dell' Alicorno" („Diskurs gegen die falschen Meinungen über das Einhorn") gegen den Aberglauben, dem Horn Wunderkräfte zuzuschreiben. Es sei unmöglich, dass ein Mittel gegen Krankheiten, die ihrer Natur nach sehr unterschiedlich sind, wirken könne. Die Existenz des Tieres schloss er nicht grundsätzlich aus. In der Folgezeit ging der Streit hin und her. Manche Autoren hielten im Interesse von Fürsten an der Wirkkraft des Horns fest. Andere äußerten zwar keine Zweifel an der Existenz des Einhorns, bezeichneten aber den Glauben an die therapeutische Wirksamkeit des Horns als Aberglauben. Als die dänische Grönlandexpedition 1636 Narwalzähne nach Kopenhagen brachte und einige davon als Einhornstücke dem russischen Zaren verkaufen wollte, stellte dessen Leibarzt fest, es seien keine „echten" Einhörner, sondern nur Fischzähne. Zur Klärung der Streitfrage ließ die Kopenhagener Kaufmannschaft von dem Medizin-Professor Ole Worm ein Gutachten anfertigen. Dieses erging 1638 und bestätigte, dass es sich bei dem fraglichen Stoff um Narwalzähne handelte. Und der Narwal, der lange für das vermutete Meereinhorn gehalten wurde, sei kein Fisch, sondern ein Wal. Diese Erkenntnis fand dann auch ihren Niederschlag in der Literatur. 1678 gab der Däne Caspar Bartholinus in Amsterdam die zweite Auflage eines 1645 in Padua erschienenen Werkes seines Vaters Thomas Bartholinus heraus („Neue Beobachtungen über das Einhorn"), mit Zusätzen und Verbesserungen. Darin wird eindeutig das, was in den Apotheken verkauft und in den Schatzkammern

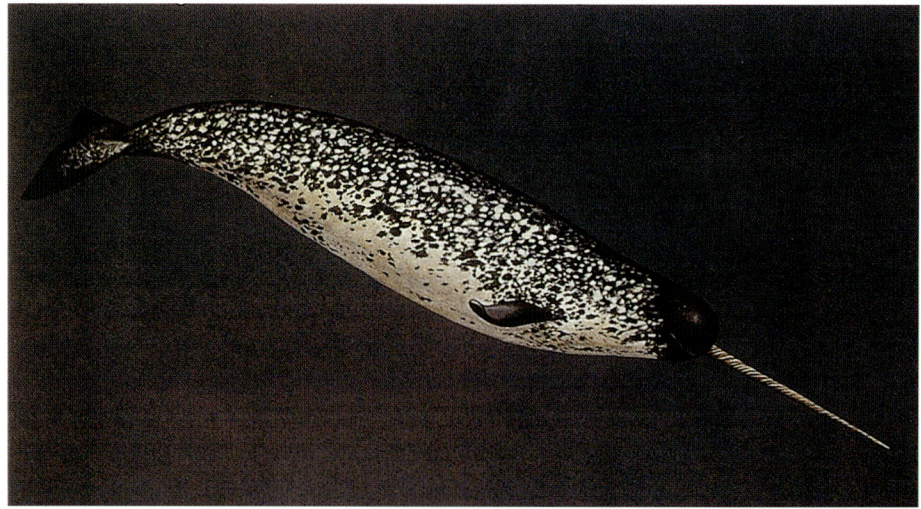

Der Narwal, der lange für das vermutete Meereinhorn gehalten wurde.

der Fürsten bewahrt wird, als Narwalzahn bezeichnet und den damit handelnden Kaufleuten eine bewusste Irreführung der Kundschaft unterstellt. Dies alles führte zwar zum Preisverfall, aber nicht zur Erschütterung des Glaubens an die Heilkraft. So wurde Narwalzahnpulver, allerdings jetzt als „unechtes Einhorn", noch bis Ende des 18. Jahrhunderts als Medizin verkauft.

Narwalzähne werden heute noch aufbewahrt in Apotheken, Schlössern und Museen, z. B. im Naturhistorischen Museum in Basel. Das „Ainkhürn" (Einhorn) in der Weltlichen Schatzkammer des Kunsthistorischen Museums in Wien ist ein besonders großes Exemplar (243 cm). Die senkrechten Streben des Krönungsstuhles der dänischen Könige in Schloss Rosenborg in Kopenhagen (1662/65) sind aus Narwalzähnen gefertigt.

Aber nicht nur dem Horn des Einhorns wurden heilsame Wirkungen zugeschrieben. So lesen wir bei der Mystikerin Hildegard von Bingen (1098-1179) in einer deutschen Übersetzung aus dem Lateinischen:

„Das Einhorn ist mehr warm als kalt … Pulverisiere aber die Leber des Einhorns und schütte dieses Pulver in Fett, das ist Schmalz, von Eidotter bereitet, und mach so eine Salbe, und es gibt keine Lepra, welcher Art sie auch sei, die, wenn du sie mit dieser Salbe salbst, nicht geheilt würde, es sei denn, sie wäre der Tod jenes [Menschen], der sie hat, oder Gott will sie nicht heilen …

Und mache daher aus der Haut [des Einhorns] einen Gürtel und umgürte dich damit auf deine Haut, und keine starke Krankheit oder Fieber wird dir innerlich schaden. Aber bereite auch Schuhe aus seiner Haut und lege sie an, und du wirst immer gesunde Füße und gesunde Beine oder innerlich gesunde Lenden haben …" (Physica, Buch 7, Kap. 5).

Im Zusammenhang mit der dem Einhornpulver zugeschriebenen Heilkraft ist es kein Wunder, dass sich viele Apotheken nach dem Einhorn benannten. In Deutschland gibt es seit dem 14. Jahrhundert Einhorn-Apotheken, die ältesten in Stade (vermutlich 1399 gegründet), Memmingen (1564) und Darmstadt (1570 erstmals erwähnt); heute sind es mehr als hundert, die Freiburg am nächsten gelegene ist in Offenburg. Die einzige mir bekannte Schweizer Einhorn-Apotheke in Schaffhausen existiert seit etwa zwei Jahren nicht mehr. Ob es in Frankreich außer in Straßburg und Schlettstadt weitere Einhorn-Apotheken gibt, müsste geklärt werden. Im Deutschen Museum in München ist in der Ausstellung Pharmazie eine historische Apotheke als Einhorn-Apotheke eingerichtet worden, mit Originalmobiliar und Apothekengefäßen des 18. Jahrhunderts und Neuanfertigungen. Die Stirnwand ziert ein hölzerner Einhornkopf aus den Zwanzigerjahren des 20. Jahrhunderts mit langem Horn. Das Deckengemälde „Die Heilkunst" schuf 1922 der Münchner Maler Waldemar Kolmsberger d. Ä. (1858-1943). Dargestellt sind Asklepios (lateinisch Äskulap), der griechische Gott der Heilkunst, seine Tochter Hygieia, die Göttin der Gesundheit, und ein Einhorn. Zwei Arzneimittelfirmen in Deutschland verwenden das Einhorn als Logo: „Spitzner" und „Deutsche Wellcome".

Einhorn-Apotheke in Weißenburg, Bayern, Aufn. vom Autor

Detail des Eingangsportales

Das Auftauchen des Einhorns im Märchen

Jedes Kind kennt das Märchen vom tapferen Schneiderlein, das mit Riesen, einem Wildschwein und einem Einhorn zu kämpfen hat. Über den Einhornfang lesen wir bei den Brüdern Grimm Folgendes:

„Das Schneiderlein verlangte von dem König die versprochene Belohnung, den aber reute sein Versprechen, und er sann aufs neue, wie er sich den Helden vom Halse schaffen könnte. ‚Ehe du meine Tochter und das halbe Reich erhältst‘, sprach er zu ihm, ‚musst du noch eine Heldentat vollbringen. In dem Wald läuft ein Einhorn, das großen Schaden anrichtet, das musst du erst einfangen.‘ – ‚Vor einem Einhorn fürchte ich mich noch weniger als vor zwei Riesen; – sieben auf einen Streich – das ist meine Sache!‘ Es nahm sich einen Strick und eine Axt mit, ging hinaus in den Wald und hieß die Jäger, die ihm zugeordnet waren, außen warten. Es brauchte nicht lange zu suchen, das Einhorn kam bald daher und sprang geradezu auf den Schneider los, als wollte es ihn ohne Umstände aufspießen. ‚Sachte! Sachte!‘, sprach er, ‚so geschwind geht das nicht‘, blieb stehen und wartete, bis das Tier ganz nahe war, dann sprang er behendiglich hinter den Baum. Das Einhorn rannte mit aller Kraft gegen den Baum und spießte sein Horn so fest in den Stamm, dass es nicht Kraft genug hatte, es wieder herauszuziehen, und so war es gefangen. ‚Jetzt hab ich das Vöglein‘, sagte der Schneider, kam hinter dem Baum hervor, legte dem Einhorn den Strick um den Hals und hieb mit der Axt das Horn aus dem Baum. Als alles in Ordnung war, führte er das Tier ab und brachte es dem König."

Die Zahl der Illustrationen des Einhornfangs durch den Schneider ist Legion. Hier sei nur der Maler und Grafiker Max Slevogt (1868-1932), einer der Hauptvertreter des deutschen Impressionismus, erwähnt. Von ihm existiert eine 1920 erstmals veröffentlichte gedruckte Sammlung von Zeichnungen zu Grimmschen Märchen mit dem Titel: „Alte Märchen – mit der Feder erzählt" (von Joachim Zimmermann in Worte gefasst).

In der heute vorliegenden Form ist das Grimmsche Märchen vom tapferen Schneiderlein mit dem geschilderten Einhornfang das Ergebnis der Verbindung von zwei selbständigen Varianten. Nur in der ersten kommt das Einhorn vor. Sie stammt aus einem Schwankbuch, das 1557 der Straßburger Martin Montanus unter dem Titel „Wegkürtzer" herausbrachte. Diese Variante wurde von den Brüdern Grimm ziemlich wörtlich in die Urfassung der Kinder- und

Aus: Das tapfere Schneiderlein (engl. Ausgabe, nacherzählt von Shirly Greenway, Bilder von Krystyna Turska, London 1988)

Hausmärchen (Erstdruck von 1812) übernommen und auch in die von Ludwig Bechstein (1801-60) gesammelten Märchen.

Im Grimmschen Erstdruck taucht in der Erzählung „Herr Fix und Fertig" noch ein anderer Held auf, der ein Einhorn besiegt. Bei der 2. Auflage der Kinder- und Hausmärchen von 1819 passte diese Erzählung allerdings nicht mehr ins Konzept und wurde daher mit anderen Märchen eliminiert. Sie ist dadurch ziemlich unbekannt geblieben.

In keinem weiteren Grimmschen oder Bechsteinschen Märchen fand ich ein Einhorn, auch nicht bei Hans Christian Andersen oder Wilhelm Hauff.

Dagegen taucht das geheimnisvolle Tier in dem norwegischen Märchen „Das goldene Schloss, das in der Luft hing" auf, spielt allerdings darin eine ziemlich marginale Rolle. Es stellt sich vor einem hohen blauen Berg Aschenper, dem jüngsten von drei Söhnen eines armen Mannes, wütend und bedrohlich in den Weg, kann aber durch seine Lieblingsspeise, eine Unmenge von Schweinefleisch, betört werden, eilig ein Loch durch den Berg zu bohren. So kann Aschenper auf seinem mühevollen und fantastisch abenteuerlichen Weg rasch weitergelangen, um schließlich die von einem Troll entführte jüngste Königstochter zu befreien und zu heiraten.

Dichtung der Neuzeit

Im Lauf der neuzeitlichen Jahrhunderte ist das Einhorn nach und nach verschwunden, allerdings manchmal recht zögerlich und spät: aus der Bibel, aus der Gedankenwelt der Theologen, aus den Reiseberichten und als Medizin aus den Apotheken. Nicht verschwunden ist es aus der Dichtung (wie wir bereits am Beispiel der Märchen gesehen haben) und aus der Bildenden Kunst. Während der Glaube an die reale Existenz des Tieres immer mehr aufhörte, überlebte es in der Fantasie.

In der europäischen Dichtung vom 16. bis 19. Jahrhundert spielt das Einhorn kaum eine zentrale Rolle. Es findet z. B. Erwähnung bei François Rabelais (1494-1553), Miguel de Cervantes (1547-1616), William Shakespeare (1564-1616), Hans Jakob Christoffel von Grimmelshausen (um 1622-76), Jean Paul (1763-1825), E. T. A. Hoffmann (1776-1822), Clemens Brentano (1778-1842), Heinrich Heine (1797-1856) und Gottfried Keller (1819-90).

Die europäische Aufklärung des 17. und 18. Jahrhunderts stand dem Einhorn nicht gerade freundlich gegenüber. Es war jene kulturgeschichtliche Epoche, in der die menschliche Vernunft zum allgemein verbindlichen Prinzip für alle Bereiche des Lebens erhoben wurde. So sucht man auch das Fabeltier bei den meisten Schriftstellern der Aufklärung vergebens. Doch tauchen Einhörner gerade bei dem bekanntesten und einflussreichsten Denker der französischen Aufklärung, dem Schriftsteller und Philosophen Voltaire (1694-1778), in der von Witz und Fantasie sprühenden orientalischen Erzählung „Die Prinzessin von Babylon" als Reit-, Zug- und Kampftiere auf.

Im 19. Jahrhundert ist der fantastisch-humorvolle Roman „Alice hinter den Spiegeln" des englischen Mathematik-Dozenten Lewis Carroll (1832-98) besonders erwähnenswert. Es handelt sich um die 1872 erschienene Fortsetzung von „Alice im Wunderland", einer Erzählung, die weitaus bekannter ist und nie nur für Kinder gedacht war. In „Alice hinter den Spiegeln" wird die in „Alice im Wunderland" begonnene Allegorie vom Heranwachsen eines Mädchens zur Frau vollendet. Die Traumlandschaft ist hier die von redenden Schachfiguren bestimmte Welt, die hinter dem Spiegel liegt. Die Schwarze und Weiße Königin, der Schwarze und Weiße König, aber auch sprechende Blumen und Figuren aus dem „Wunderland" spielen darin eine Rolle. Das 7. Kapitel handelt vom Löwen und dem Einhorn. Dabei berichtet ein aus der Stadt kommender Läufer dem Weißen König, dass sich zwei in den Haaren haben.

„,Wer hat sich in den Haaren?', fragte sie [Alice] dann, sich ein Herz nehmend.

,Nun, der Löwe und das Einhorn natürlich', sagte der König.

,Wohl wegen der Krone?'

,Freilich', sagte der König; ,und das Spaßigste daran ist, dass es sich dabei ja schließlich noch immer um meine Krone handelt! Laufen wir doch hinüber und schauen wir zu!' Und schon liefen sie los, während Alice dabei das alte Lied vor sich hin sang:

,*Der Löwe und das Einhorn, die kämpften um die Kron',*
Das Einhorn ist vorm Löwen rings um die Stadt geflohn.
Und weißes Brot und schwarzes Brot, das war ihr ganzer Lohn,
Aber da wollten sie auch noch Mandelkuchen,
und man trommelte sie davon.'"

Im weiteren Verlauf der Handlung erblickt das Einhorn die kleine Alice.

„,Was ist – denn – das?', sagte es schließlich.

,Ein Kind!', erwiderte Hasa eifrig und trat dabei vor Alice hin, um sie vorzuführen, wobei er beide Hände in einer germanischen Urstellung gegen sie ausstreckte.

,Erst heute gefunden! In natürlicher Größe und zweimal so echt!'

,Ich dachte immer, das seien Fabelwesen!', sagte das Einhorn. ,Lebt es noch?'

,Es kann noch sprechen', sagte Hasa ernst.

Das Einhorn sah Alice träumerisch an und sagte: ,Sprich, Kind!'

Da musste Alice nun doch unwillkürlich lächeln, und sie sagte: ,Also, weißt du, ich dachte auch immer, Einhörner seien Fabelwesen! Ich habe noch nie eins lebendig gesehen.'

,Na, jedenfalls haben wir uns jetzt gesehen', sagte das Einhorn, ,und wenn du an mich glaubst, glaub' ich auch an dich. Einverstanden?'

,Ja, wenn du meinst', sagte Alice."

Bei dem von Alice gesungenen Lied handelt es sich um einen alten englischen Kinderreim, der auf die beiden Schildhalter des britischen Wappens und die Gegensätze zwischen Engländern und Schotten anspielt.

Der Löwe und das Einhorn, die kämpften um die Kron'. Aus: L. Leslie Brooke, Ring o' Roses. London 1922

In der Dichtung seit dem 20. Jahrhundert, besonders in Europa, Amerika, aber gelegentlich auch Japan ist das Vorkommen des Einhorns fast unüberschaubar geworden: in Romanen, Dramen, Erzählungen, Gedichten. Die Zahl der Titel ist vor allem seit den 80er Jahren des 20. Jahrhunderts sprunghaft angestiegen, und ein Ende ist noch nicht abzusehen. Bald wird das Fabeltier nur beiläufig erwähnt oder zum Vergleich herangezogen, bald spielt es in der Handlung eine besondere, ja sogar zentrale Rolle. Die bekanntesten unter der Vielzahl der Autoren sind Gerhart Hauptmann, Rainer Maria Rilke, Thomas Mann, Gertrud Kolmar, Heimito von Doderer, Reinhold Schneider, Hilde Domin, Tennessee Williams, Günter Grass, Martin Walser, Michael Ende, Umberto Eco, Irmtraud Morgner, Peter S. Beagle und Joanne K. Rowling.

Auf einzelne, besonders ausgewählte Werke der hier genannten Autoren sei näher eingegangen. Am Anfang möge ein Gedicht von Hilde Domin (*1912) stehen, der während des Dritten Reiches und danach lange im Exil lebenden Lyrikerin:

EINHORN

Die Freude
dieses bescheidenste Tier
dies sanfte Einhorn

so leise
man hört es nicht
wenn es kommt, wenn es geht
mein Haustier
Freude

wenn es Durst hat
leckt es die Tränen   (Aus: Hilde Domin, Gesammelte Gedichte.
von den Träumen.   © S. Fischer Verlag GmbH, Frankfurt am Main 1987)

In dem Drama „Die Glasmenagerie" des amerikanischen Schriftstellers Tennessee Williams (1914-83) spielt das Einhorn als Symbol eine wichtige Rolle. Das Drama handelt von einer in Traumwelten und Lebensängsten gefangenen, in ärmlichen Verhältnissen lebenden Südstaatenfamilie. Dabei gleicht die Tochter Laura in ihrer Scheu und Lebensangst den kleinen Tierfiguren ihres liebsten Besitzes, der Glasmenagerie. Beim Tanz mit Jim O'Connor, in den sie sich verliebt hat, fällt ihr Lieblingstier, das Einhorn, zu Boden und bricht sich dabei das Horn ab. Danach entspinnt sich folgender Dialog:

„Jim: Ist da nicht etwas heruntergefallen, mir schien –
Laura: Ja.
Jim: Ich hoffe, es war nicht das kleine Glaspferd mit dem Horn?
Laura: Ja.
Jim: O weh! Ist es zerbrochen?
Laura: Jetzt ist es wie alle anderen Pferde.
Jim: Es verlor sein – ?
Laura: Horn! – Es macht nichts. Vielleicht ist's Glück im Unglück.
Jim: Sie werden mir verzeihen. Es war Ihr Lieblingsstück.
Laura: Ich ziehe eigentlich keines vor. Es ist keine Tragödie, Jim. Glas bricht ja so leicht."

In dem 1966 erschienenen vielschichtigen Roman „Das Einhorn" des 1927 geborenen Schriftstellers Martin Walser kommt die Titelfigur immer wieder als

Leitmotiv vor. Der Roman ist der zweite Band einer Trilogie, in deren Mittelpunkt der Schriftsteller und Vortragsreisende Anselm Kristlein steht. Sein Versuch, einen Sachroman über die Liebe zu schreiben, scheitert. Stattdessen entsteht ein Buch über die Schwierigkeiten beim Schreiben über die Liebe. Dabei symbolisiert das wiederholt als fiktiver Begleiter Kristleins auftauchende Einhorn u. a. die erotische Erwartung und das erotische Begehren.

Eine besondere Rolle kommt dem Einhorn in der Fantasy-Literatur zu. Diese ist eine im 20. Jahrhundert entwickelte Literaturgattung, die im Unterschied zur älteren fantastischen Literatur nicht mehr von der realen Welt ausgeht. Sie bezieht ihre Themen und Motive aus den Märchen, Sagen und Mythen überwiegend keltischer, skandinavischer und orientalischer Herkunft. Die Handlung spielt in imaginären, unmöglichen und archaischen Alternativwelten und -zeiten. Geradezu klischeehaft ist dabei der Kampf zwischen Gut und Böse.

Die Fantasy-Literatur entstand als Nebenzweig von Sciencefiction, einer Gattung der utopischen Literatur, in der die Aspekte der technischen Entwicklung dominieren und auf dem wissenschaftlich-technischen Fortschritt beruhende Zukunftsbilder mit Weltraumabenteuern entworfen werden.

Das Einhorn ist seit der 2. Hälfte des 20. Jahrhunderts vor allem im angelsächsischen Sprachraum fester Bestandteil der Fantasy-Literatur geworden. Als Haupthandlungsträger oder in einzelnen Episoden taucht es vielfach auf und erscheint besonders in der auf keltische Mythen der Artussage zurückgreifenden Literatur.

Artus, der historisch umstrittene Idealkönig der keltischen Briten, soll um 500 sein Volk gegen die eindringenden Sachsen verteidigt haben. Berühmt sind die an seinem Hof versammelten und auf Abenteuer ausziehenden Ritter, die sog. Tafelrunde. In der im Mittelalter in vielen Dichtungen bearbeiteten Artussage kommt im Gegensatz zu der daran orientierten Fantasy-Literatur das Einhorn nicht vor.

Auch in Sciencefiction-Romanen und -Erzählungen taucht das Einhorn gelegentlich auf. Beide Gattungen sind vertreten in „Die schönsten Einhorn-Geschichten", herausgegeben von Jack Dann und Gardner Dozois (deutsche Übersetzung 1982).

Als Klassiker sozusagen und wohl als bekanntestes Werk der Fantasy-Literatur über das Einhorn ist „Das letzte Einhorn" des Amerikaners Peter S. Beagle (*1939) zu betrachten. Es erschien 1968 erstmals in New York (Originaltitel: „The Last Unicorn") und wurde 1982 verfilmt.

In dem Roman handelt es sich um ein anmutiges Einhorn, das als letztes seiner Art in einem ewig blühenden Fliederwald lebt. Um seine vom Roten Stier davongetriebenen Artgenossen zu finden, begibt es sich mit zwei Gefährten auf eine abenteuerliche und gefahrvolle Reise. Am Ende gelangen sie zum Schloss des machthungrigen Königs Haggard, auf dessen Befehl hin der Rote Stier die

Das letzte Einhorn mit dem Zauberer Schmendrick. Nach dem Roman „Das letzte Einhorn" von Peter S. Beagle. Aus dem 1982 in USA gedrehten Zeichentrickfilm

Einhörner ins Meer getrieben hat und dort gefangen hält. In dem lebensbedrohlichen Kampf mit dem Stier wird das Einhorn in ein junges Mädchen verwandelt, das sich in den Sohn des Königs verliebt. Doch wird es, da es nur als Einhorn den Stier besiegen kann, gegen seinen Willen zurückverwandelt. In einem dramatischen, packenden Zweikampf treibt es den Roten Stier in das Meer und befreit damit seine Artgenossen, die zu Hunderten aus dem Wasser hervorkommen. Sie überrennen König Haggards Schloss, das mit gewaltigem Getöse in sich zusammenstürzt. Schließlich verschwindet das Einhorn und bleibt verschwunden. Auch seine Artgenossen und der Rote Stier tauchen nie wieder auf. Nur noch in den Menschenträumen erscheint das Einhorn und zieht dabei folgendes Fazit:

„Die anderen sind in ihre alten Wälder zurückgekehrt, jedes für sich allein; und die Menschen werden ihrer nicht viel leichter ansichtig werden als zu der Zeit, wo sie sich im Meer tummelten. Ich werde auch in meinen Wald zurückkehren, aber ich weiß nicht, ob ich dort irgendwo zufrieden leben werde. Ich bin sterblich gewesen, und ein Teil von mir ist es noch. Ich bin voller Tränen, voller

Sehnsucht und Todesfurcht, doch kann ich nicht weinen; ich begehre nichts, und ich kann nicht sterben. Ich bin nicht mehr wie die anderen, denn keinem Einhorn war es je beschieden, zu bedauern. Aber ich tue es, ich bedauere."

„Diese Geschichte ist pure Magie", so äußerte sich David Copperfield über einen zweiten Einhorn-Roman von Peter S. Beagle. Mit Illustrationen von Robert Rodriguez erschien er 1996 in Großbritannien und 1997 in deutscher Übersetzung mit dem Titel „Die Sonate des Einhorns".

In der Novelle „Professor Gottesman und das Indische Nashorn" (deutsch 1997) schließlich schildert Peter S. Beagle, wie ein als indisches Nashorn verzaubertes Einhorn bei dem Philosophie-Professor Gottesman einzieht, sich ausgiebig in seiner Badewanne tummelt und mit ihm viele Gespräche über Philosophie führt. Dabei äußert sich das Tier sarkastisch über die Kirchenväter: „Natürlich konnten sich Augustinus und die übrigen nie ganz mit solch heidnischen Überresten wie Einhörnern abfinden. Das Beste, was sie tun konnten, war, uns mit der Jungfrau Maria in Verbindung zu bringen und zu behaupten, unsere Hörner repräsentierten irgendwie die Einheit von Christus und seiner Kirche. Bernhard von Trier ging sogar so weit, Christus direkt mit dem Einhorn zu identifizieren, aber das war nie eine befriedigende Verbindung. Ein Spiralbolzen in einem rechteckigen Loch, sozusagen."

Die vielleicht nicht ganz unberechtigte Bemerkung zeigt, dass Beagle sich mit der Geschichte des Einhornsymbols und den Kirchenvätern (für die er einen fiktiven Bernhard von Trier nennt) auseinandergesetzt hat.

Der wohl bekannteste und bedeutendste deutsche Fantasy-Schriftsteller ist Michael Ende (1929-1995), der abenteuerlich-fantastische Erzählungen für Jugendliche verfasste. Sein größter Erfolg war der Roman „Die unendliche Geschichte" (1979; 1984 verfilmt). Er wurde in fast alle europäischen und einige außereuropäische Sprachen übersetzt und fand auch bei Erwachsenen großen Anklang. Im Mittelpunkt der Handlung steht der elfjährige Halbwaise Bastian Balthasar Bux, der bei der Lektüre eines gestohlenen Buches entdeckt, dass das Land Phantásien, eine durch die schöpferische Fantasie der Menschen erzeugte fiktive Welt durch die zunehmende Fantasielosigkeit vom Untergang bedroht ist. Es wird Bastian bald klar, dass nur ein Mensch die Rettung bringen kann und dass er dieser Retter sein soll. Und dies soll vor allem durch das Erzählen fantastischer Geschichten bewerkstelligt werden. Da das aber zu lange dauert, erzählt Bastian den Bewohnern von Phantásien zur Erklärung des Untergangs ihres Landes eine Geschichte, in der alle anderen enthalten sind, die Geschichte der Bibliothek von Amargánth. Die durch die Tötung des Einhorns vom Aussterben bedrohte besondere Stadt Amargánth soll zur schönsten Stadt Phantásiens werden und damit Rettung finden. Und dies ist nur möglich durch die Sammlung der unendlichen Geschichten des Bastian Balthasar Bux in der

Coverillustration von Roswitha Quadflieg

seit Urzeiten unzugänglichen Bibliothek. Die einzige mit dem leuchtenden Stein vom Horn des Einhorns geschmückte Tür des Gebäudes versperrt den Eintritt. Da findet Bastian das Zauberwort. Der Stein leuchtet hell auf, springt aus der Fassung und Bastian direkt in die Hand. Die Tür öffnet sich.

Damit ist der Bann gebrochen, aber die unendliche Geschichte noch lange nicht zu Ende. Bastian verliert immer mehr seine Erinnerung an die Menschenwelt und möchte schließlich Kaiser von Phantásien werden. Er gerät dadurch in Schlachten, und in der Schlacht um den Elfenbeinturm treten noch einmal Einhörner auf der Seite seiner Gegner auf. Als er am Ende seinen Irrweg erkennt, findet er durch die Sehnsucht nach seinem verwitweten Vater in die Realität der Menschenwelt zurück.

In den inzwischen fünf Bänden der englischen Autorin Joanne K. Rowling (*1965) über den Zauber-Jungen Harry Potter taucht gelegentlich auch das Einhorn auf. So erfährt Harry (Band 1; 1997), dass für manche Zauberstäbe Einhornhaare verwendet werden. Als er in der Schule zur Strafe für eine Unbotmäßigkeit in den Verbotenen Wald muss, stößt er auf ein totes Einhorn und beobachtet, wie eine vermummte Gestalt beginnt, das Blut des Tieres zu trinken. Es ist Harrys großer Gegenspieler, der zwischen Leben und Tod schwebende Lord Voldemont, der bis zur Erlangung des Steins der Weisen sein Leben nur durch Einhornblut sichern kann. In der vierten Klasse (Band 4) bekommt Harry im Unterricht mehr über Einhörner zu hören und erfährt, dass Einhornfohlen golden sind, mit etwa zwei Jahren silbern und erst in ausgewachsenem Zustand mit etwa 7 Jahren ganz weiß werden. Das Horn wachse im Alter von vier Jahren. In einer anderen Unterrichtsstunde über die Pflege magischer Geschöpfe marschiert die Klasse zu einer Koppel, in der ein großes, schönes, gleißend weißes Einhorn mit goldenen Hufen an einen Baum gebunden ist. Nur die Mädchen dürfen sich ihm nähern, da das Tier Männern gegenüber nicht zutraulich sei.

Für das weitere Vorkommen des Einhorns in der Fantasy-Literatur seien beispielhaft einige aus dem Englischen ins Deutsche übersetzte Titel genannt: „Der Drache und das Einhorn" (A. A. Attanasio), „Das Einhorn" (Thomas Buchanan), „Elidor oder das Lied des Einhorns" (Alan Garner), „Die Macht des Einhorns", eine Trilogie (Tanith Lee), „Die Einhornpirsch" (Mike Resnick), „Einhorncodex" (Elizabeth Scarborough) und „Im Zeichen des Einhorns" (Roger Zelazny). Madeleine L'Engle ist gleich mit drei Romanen vertreten.

Auch in Comics, in vielen märchenhaften Erzählungen und Kinderbüchern des 20. Jahrhunderts, vor allem in Deutschland, Frankreich und im angelsächsischen Sprachbereich, taucht immer wieder das Einhorn auf.

So in der Geschichte von Otfried Preußler, „Das Märchen vom Einhorn", illustriert von Gennadij Spirin (1988). „Es waren einmal drei Brüder", so beginnt das Märchen, „die wollten das Einhorn fangen. ,Sein Horn ist aus Elfenbein',

Otfried Preußler, „Das Märchen vom Einhorn" mit Illustrationen von Gennadij Spirin, 1988

sagte der Dicke. ‚Die Hufe sind reines Gold, auf der Stirn trägt es einen Stern von Karfunkelstein'. ‚Wenn wir's erlegen', sagte der Dünne, ‚werden wir reich sein und haben für unser Lebtag ausgesorgt.'"

Die drei Brüder, von denen der dritte Hans heißt, ziehen los. Der Dicke und der Dünne bleiben bald zurück, während Hans ans Ende der Welt gelangt. Zum Schluss geht er durch Feuer und Wasser, durch Nacht und Eis. Als er das Einhorn erblickt, ist er so fasziniert von seiner Schönheit, dass er es nicht erschießen kann und vor Schauen und Staunen die Zeit vergisst.

Sophie fliegt auf dem Einhorn.
Aus Erich Jooß und Erich Hölle:
„Die wunderbare Geschichte vom Mädchen und dem Einhorn", 1990

Irgendwann kehrt Hans als alter Mann in die Welt zurück und macht mit seinen Erzählungen von dem wunderschönen Einhorn die Kinder glücklich.

Das Motiv von der Wasserentgiftung wird in folgendem Kinderbuch aufgenommen: Erich Jooß, „Die wunderbare Geschichte vom Mädchen und dem Einhorn". Illustrationen: Erich Hölle (1990). Und die Geschichte von dem Einhorn, das stirbt und als Narwal im Meer ins Leben zurückkehrt, wird in einem anderen Kinderbuch erzählt: „Das Einhorn und das Meer" (Idee von Gianfranco Ogliani.

Geschrieben und illustriert von Fiona Moodie.1986). Mit einem Hinweis, dass der Narwal mit seinem bis zu drei Meter langen Horn wirklich existiert, endet das Buch.

Das Einhorn bleibt als Narwal im Meer. Aus: „Das Einhorn und das Meer" von Fiona Moodie, 1986

Teilweise ausgehend von der Literatur taucht das Einhorn als Einzelfigur immer wieder in Kinderfilmen und Kinderfilmserien auf. Seit den 80er Jahren des letzten Jahrhunderts werden im Fernsehen vermehrt ganz dem Einhorn gewidmete Filme gezeigt, besonders zur Weihnachtszeit.. Der Renner ist auch hier „Das letzte Einhorn", gedreht nach dem Erfolgsroman von Peter S. Beagle. Es handelt sich um die deutsche Bearbeitung eines amerikanischen Zeichentrickfilms von 1982 (Regie: Arthur Rankin jr. und Jules Bass) mit einem sehr eingängigen Titelsong von Jimmy Werb.

Das gleiche Motiv wie im „Letzten Einhorn" – Kampf des Bösen gegen das Gute – behandelt der Fantasy-Film „Legend", eine englische Produktion von 1985 mit

Prinzessin Lili mit dem Einhorn. Aus dem Fantasy-Film „Legend" (Großbritannien 1985)

Tom Cruise, Mia Sara und Tim Curry unter der Regie von Ridley Scott. Die deutsche Version mit dem Titel „Legende" wurde in der ARD erstmals am 13. 11. 1987 gezeigt.

In dem japanischen Zeichentrickfilm „Unico – das Hörnchen" (deutsche Fassung 1982) unter der Regie von Toshio Hirata wird einer Einhornmutter ein Baby mit einem winzigen Horn geboren, ein besonders munteres Kerlchen, das die Gabe besitzt, alle Wesen froh und glücklich zu machen.

Zum Schluss sei noch die esoterische Literatur erwähnt, in der das Einhorn gelegentlich auftaucht. Ein schönes Beispiel ist der mehrfach mit Einhorn-Illustrationen geschmückte, 1991 im Amethyst-Verlag (Murnau) erschienene Sammelband „Lila Engel. Sphärenpoesie". Auf der Cover-Rückseite steht dazu: „Eine Anthologie romantischer Lyrik und inspirierter Kurzgeschichten, die den Leser in ein Reich der Schönheit und Harmonie entführt. Kristallwelten und kosmische Sternensphären besucht der Wanderer mit seinem geheimnisvollen Einhorn, und überall begegnet ihm grenzenlose Liebe und Weisheit." Das in dem Band enthaltene Gedicht „Das Einhorn" hat der Autor, der Maler und Schriftsteller Alois Hanslian, selbst illustriert. Der Beginn lautet:

> An dem Tag
> an dem ich das kosmische Roß
> jenen freien Unitarier,
> das Einhorn, wiederfinde,
> weiß ich, das, Ich Bin,
> zurückgekehrt aus der Zukunft; –

In „Der Traum vom Einhorn. Begegnungen auf einem Weg", einer Sammlung märchenhafter Geschichten von Isabel Cygné (Licht-Schwestern-Verlag, 1999) findet sich die Erzählung „Nur wirklich sehen, kannst du mit geschlossenen Augen". Darin fliegt eine Frau im Traum auf einem Einhorn durch die Lüfte und bekommt von zwei Engeln die der Menschheit drohende Vernichtung durch eine Feuerwalze gezeigt mit der dringenden Bitte, das Unheil durch eine entsprechende Warnung aufzuhalten.

Bildende Kunst des 15. bis 19. Jahrhunderts

Auch bei den europäischen Künstlern des Spätmittelalters und der Neuzeit hat das Einhorn überlebt. Wie ich schon darlegte, finden wir es bis in die frühe Neuzeit hinein besonders in Paradies- und Schöpfungsdarstellungen. Darüber hinaus kommt es aber im 15. und 16. Jahrhundert noch in vielen anderen Bezügen vor.

Die niederländischen Maler, die Brüder Hubert (um 1370-1426) und Jan van Eyck (um 1390-1441) schufen den berühmten Genter Altar aus zwölf Eichentafeln (beendet 1432), heute in der Kathedrale Sint-Baafs in Gent. Dessen bekanntestes Gemälde ist die „Anbetung des Lammes" auf dem unteren Mittelteil. Auf dem oberen Mittelteil ist der thronende Christus zwischen Maria und Johannes zu sehen. Hinter beiden ist ein Brokatvorhang ausgespannt, in dessen Blütenmuster ein Einhorn liegt. Auch auf dem dreiflügligen Dresdner Marienaltar von 1437 des Jan van Eyck – in der Gemäldegalerie „Alte Meister" – sind Einhörner zu finden. Sie zieren auf der Mitteltafel den Behang hinter und den Himmel über der mit ihrem Kind auf einem Thron sitzenden Maria.

Die bekanntesten Werke des Hauptmeisters der Kölner Malerschule Stefan Lochner (um 1400-51) sind der Dreikönigsaltar im Dom (um 1442) und die Muttergottes in der Rosenlaube im Wallraf-Richartz-Museum (um 1448). Auf der Mitteltafel des Altars ist die Mantelschließe, auf dem Gemälde die Brustbrosche Mariens mit Jungfrau und Einhorn verziert.

Der namentlich nicht bekannte, am Oberrhein und in der Nordschweiz tätige Kupferstecher Meister E. S. (um 1420 bis um 1467?) hat auf einzelnen Karten seiner Kartenspiele mehrfach das Einhorn dargestellt; bei der Vogel-Farbe (Unter, Ober, Königin und König) des größeren Kartenspiels (1463) mit Wildmann bzw. Wildfrau, bei der Tier-Dame des kleineren Kartenspiels (um 1461) mit Wildmädchen. Der Meister E. S. war der bedeutendste Stecher vor Martin Schongauer.

Eines der Hauptwerke des niederländischen Malers Hieronymus Bosch (um 1450-1516) ist das sicher nicht für einen Altar bestimmte Triptychon „Garten der Lüste" (2,2 m x ca. 4 m). Es hing spätestens seit 1517 in der Brüsseler Residenz

Das Einhorn entgiftet das Wasser.
Aus: Garten der Lüste
von Hieronymus Bosch.
Linke Tafel (Detail)

Garten der Lüste, Mitteltafel

des Grafen Heinrich III. von Nassau (1483-1538), des Statthalters der Niederlande, und befindet sich jetzt in Madrid im Prado. Das nicht signierte und nicht datierte Bild, das rätselhafteste Werk des Niederländers, wird vielfach als Spätwerk (1505-15) angesehen. Auf der linken Tafel ist das irdische Paradies mit zahlreichen Tieren dargestellt. An einem Teich am linken Bildrand senkt ein Einhorn sein Horn ins Wasser; daneben steht ein rehartiges Tier mit einem gezahnten, sichelförmig nach hinten gebogenen Horn. Weiter unten erfolgt die Zusammenführung von Adam und Eva durch den Schöpfer. Unter dieser Szene schwimmen in einem Tümpel monströse Fische, darunter einer mit Ziegenbart und langem Horn. Während die rechte Tafel die Hölle darstellt, hat die durch Fantasien einer ungezügelten Sexualität bestimmte Mitteltafel in der kunstgeschichtlichen Forschung sehr unterschiedliche Interpretationen gefunden

Raub der Proserpina.
Eisenradierung von
Albrecht Dürer

(Repräsentation der verdammten Menschheit; Träger verborgener Botschaften aus Alchemie, Astrologie oder einer Sekte). Neuerdings vertreten Kunsthistoriker mit einleuchtenden Argumenten die These, dass in der zentralen Szene die Irrealität eines paradiesischen Glücks geschildert werde. Im Mittelpunkt der von zahlreichen Gruppen nackter junger Männer und Frauen belebten Landschaft findet eine Prozession nackter Reiter um einen runden Teich statt, in dem sich weiße und schwarze Wildfrauen aufhalten. Unter den teils realen, teils imaginären Reittieren sind vier mit einem Horn als phallischem Symbol: ein Reh, an dessen Hornspitze zwei Erdbeeren hängen; eine Riesenkatze mit einem sichelförmig gebogenen Horn; ein Fantasietier, auf dessen besenartigem Horn eine Eule sitzt; schließlich ein Pferd mit einem astartig verzweigten Horn.

Auch auf dem dreiflügligen Eremitenaltar des Hieronymus Bosch (um 1493 oder später) im Dogenpalast von Venedig kommt auf der Mitteltafel ein Einhorn vor: Zwischen dem Einsiedler Hieronymus und dem Gekreuzigten versucht auf einer Reliefdarstellung ein Mann, das Tier zu zähmen und zu besteigen. Das Einhorn symbolisiert hier die durch Hieronymus zu überwindenden Leidenschaften.

Von dem italienischen Maler, Zeichner, Bildhauer, Architekten, Musiker, Naturforscher und Ingenieur Leonardo da Vinci (1452-1519), der in Italien und Frankreich tätig war, stammen verschiedene Federzeichnungen, auf denen das Einhorn dargestellt ist. Die bekannteste ist eine Fassung „Jungfrau mit Einhorn" im Ashmolean Museum in Oxford.

Kommen wir zu dem Maler, Zeichner, Grafiker und Kunsttheoretiker Albrecht Dürer (1471-1528). Bei ihm tauchen Einhörner und einhörnige Wesen in den verschiedensten Formen auf. Mit Pferdeleib und spiralig gedrehtem Horn lugt das Einhorn bei der Flucht nach Ägypten, einem heute in der Dresdner Gemäldegalerie „Alte Meister" befindlichen Tafelbild, halb versteckt zwischen den Bäumen hervor. Das 1496 entstandene Gemälde gehört zu einer Folge von Darstellungen der Sieben Schmerzen Mariä. Ebenso als Pferd ist das Einhorn mit einem Ritter als Reiter auf einer um 1495 entstandenen Federzeichnung zu sehen, heute in Florenz in den Uffizien; und auch auf einem Holzschnitt der Vermählung Mariens (wohl 1504/05), wo im Rankenwerk eines Rundbogenfrieses links und rechts je ein nackter Wildmann auf einem Einhorn gegen je eine nackte Wildfrau auf einem Löwen anreitet.

Als wildes Pferd mit gezacktem Horn präsentiert sich auf einer Eisenradierung von 1516 das Reittier, auf dem Pluton, der antike Gott der Unterwelt, Persephone, die Tochter des Zeus und der Demeter, entführt („Raub der Proserpina" genannt, nach dem römischen Namen für Persephone).

Ein ganz anderes Einhorn Dürers sehen wir als Randzeichnung in einem Druck. 1513 erschien bei dem Augsburger Drucker Johannes Schönsperger mit 313 bedruckten Seiten das großformatige Gebetbuch Kaiser Maximilians, das

Einhorn als Sinnbild der Finsternis und Kranich als Symbol der Morgenfrühe. Randzeichnung zum Gebetbuch Kaiser Maximilians von Albrecht Dürer

dem Nachruhm des Kaisers dienen sollte. Maximilian ließ sein Handexemplar von sieben Künstlern lagenweise am Rand mit Federzeichnungen ausschmücken. Der erste war 1514/15 Dürer. Zur Illustration von Psalm 129 der Vulgata (Erwähnung des Morgens in Vers 6) zeichnete er einen Kranich (als Symbol der Morgenfrühe) und ein Einhorn mit struppigem Fell und sichelförmig nach vorn stehendem Horn (als Sinnbild der Finsternis). Der Teil des kaiserlichen Handexemplars, der die Dürer-Zeichnungen enthält, befindet sich heute in der Bayerischen Staatsbibliothek in München, ein anderer Teil mit Randzeichnungen Hans Baldungs in der Bibliothèque municipale in Besançon.

Mit sichelförmig nach rückwärts gebogenem Horn finden wir ein im Schilf verstecktes Einhorn auf einer Handzeichnung Dürers in der Albertina in Wien (1494 oder 1495). Dargestellt sind u. a. Löwenköpfe und der Raub der Europa, der Tochter des Phönikerkönigs Agenor durch Zeus, den höchsten Gott der alten Griechen, in Stiergestalt.

In dem berühmten Kupferstich „Ritter, Tod und Teufel" von 1513 und in „Höllenfahrt Christi" aus der Holzschnittfolge der Großen Passion (1510) erscheint der Teufel mit einem Sichelhorn.

In der Bildenden Kunst des 17. und 18. Jahrhunderts kommen Einhörner kaum vor. Es war das Zeitalter der bereits genannten Aufklärung und des Barock. Daher machen wir einen Sprung ins 19. Jahrhundert.

Der französische Maler Gustave Moreau (1826-98) gestaltete mythologische und biblische Themen in prunkvoll ausgestatteten, symbolistischen Szenen. Vor oder um 1885 schuf er einige dem Thema „Frau und Einhorn" gewidmete Aquarelle und Ölgemälde. Vier von ihnen zeigen eine nur mit Hut und Umhang geschmückte nackte Frau, die sich dem Einhorn in eindeutig erotischer Haltung zuwendet. Auf einem fünften, unvollendet gebliebenen Gemälde liebkosen in einer Traumlandschaft eine fast nackte und mehrere prächtig gekleidete Frauen mit kostbarem Geschmeide gleich drei Einhörner. Moreau hatte sich zu dem „Die Einhörner" betitelten Bild von den bereits ausführlich beschriebenen Cluny-Teppichen inspirieren lassen. Aus dem Rahmen fällt eine um 1890 entstandene Stein- und Kohlezeichnung, auf der in der bekannt üppigen Ausstattung ein persischer Dichter dargestellt ist, der auf einem Einhorn reitet. Für Moreau war der Dichter der Träger der Kultur schlechthin. Von den genannten Werken sind nur „Die Einhörner", „Der persische Dichter" und ein Ölgemälde „Das Einhorn" im Besitz des Moreau-Museums in Paris.

Der neuromantische und neuklassizistische Schweizer Maler Arnold Böcklin (1827-1901) ist bekannt durch seine romantischen Landschaften und mythologischen Figuren. Weniger bekannt ist sein symbolistisches Einhorn-Gemälde „Das Schweigen des Waldes" (1885), das die Zeitgenossen begeistert hat und heute dem Nationalmuseum in Posen gehört: ein aus dem dunklen Wald heraustreten-

Das Einhorn. Ölgemälde von Gustave Moreau, um 1885

des, gehörntes esel- oder maultierartiges Tier mit zottigem Fell, weit aufgerissenem Auge, gefletschten Zähnen und mit einer Reiterin im Damensitz. Böcklin deutet den Wald als unheimliches, dämonisches Naturphänomen, personifiziert durch die Reiterin auf dem Einhorn.

Der Maler und Grafiker Otto Lasius (1866-1933) berichtet in seinen Tagebuchaufzeichnungen über das Urteil eines Ateliersbesuchers während der Entstehung des Gemäldes Folgendes: „‚Wie können Sie nur so etwas Unglaubliches malen,' sagte er zu Böcklin, ‚so hat doch nie im Leben ein Einhorn ausgesehen. Das Einhorn war ja doch ein Pferd mit einem Horne auf dem Kopf!'

‚So – haben Sie einmal eins gesehen?', fragte Böcklin lachend. Die Ironie pikierte den Besucher, und er versteifte sich darauf, dass solch ein Einhorn unmöglich und unwahr, kurz, nur wieder eine Absonderlichkeit sei wie Böcklins Centauern und Satyrn."

Böcklin hatte sich bereits 1871 mit dem für ihn fantastischen Fabelwesen im herkömmlichen Stil befasst, und zwar in dem Gemälde „Heiliger Hain, von einem Einhorn bewacht" (heute in der Schack-Galerie in München).

Das Schweigen des Waldes. Gemälde auf Holz von Arnold Böcklin, 1885

Bildende Kunst des 20. und des beginnenden 21. Jahrhunderts

Unzählige Künstler haben im 20. Jahrhundert das Einhorn als Motiv gewählt, vor allem in Europa, aber auch in Amerika und vereinzelt in Asien und Afrika. In Europa würde eine Liste mit Namen mehrere Seiten füllen. Die Zahl der Künstler ist besonders in der 2. Jahrhunderthälfte immer mehr gewachsen und ist vor allem in den letzten Jahren fast unüberschaubar geworden. Allein in der Ausstellung „Das Einhorn lebt" in Remshalden-Grunbach 1998 waren etwa 44 Künstler und Künstlerinnen mit über 100 Werken vertreten.

Sie waren der Aufforderung des Veranstalters gefolgt, sich mit dem Thema „Einhorn" zu beschäftigen, und haben im Ausstellungskatalog ihre dort abgebildeten Werke mit eigenen, sehr differierenden Interpretationen versehen.

Die Reihe der Beispiele aus dem 20. Jahrhundert sei mit einem führenden Vertreter des Expressionismus eröffnet, der noch im 19. Jahrhundert geboren wurde, dem österreichischen Maler, Grafiker und Schriftsteller Oskar Kokoschka (1886-1980). Er schuf sieben 1967 publizierte Kreidelithographien in Farben zu Giuseppe Verdis Oper „Ein Maskenball". Auf einer der Darstellungen wird geschildert, wie Richard, die Hauptfigur, später Opfer eines Mordkomplotts, die Gattin Amelia seines besten Freundes auf einem Pferd entführt. Neben dem Pferd steht ein Einhorn.

Ein ganz anderes Beispiel bietet der britische Zeichner und Illustrator Ronald Searle (* 1920), der 1979 mit Feder, Wasserfarben und Kreide ein lustig tänzelndes Einhorn entwarf mit dem Titel „Out-of-touch unicorn, unaware that it is a myth" („Flatterhaftes Einhorn, ahnungslos, dass es eine Fabel ist"). Die Zeichnung befindet sich in einer Privatsammlung in London. Searle ist bekannt für seine politischen und sozialkritisch-satirischen Zeichnungen mit einem skurril-nervösen Strich.

Von dem Plastiker, Zeichner und Aktionskünstler Joseph Beuys (1921-86) stammt die Zeichnung eines Einhorns mit Wasserfarbe, Tinte und einem Brandloch von 1956-57. Dargestellt ist ein leuchtend roter Tierkopf mit einem extrem dünnen Horn wie ein Laserstrahl. Das Werk befindet sich in der Alten Nationalgalerie in Berlin. Daneben gibt es eine um 1949 entstandene

„Out-of-touch-unicorn" von Ronald Searle, 1979

Bleistiftzeichnung des Künstlers mit dem Titel „Das Einhorn an der Goldader" (in der Sammlung van der Grinten im Museum Schloss Moyland).

Aktionen, Objekte, Maschinen und Installationen sind Kennzeichen für die vielfältige Arbeit der Aktionskünstlerin und Professorin Rebecca Horn (* 1944), die ihr Publikum zugleich schockieren und verzaubern will. Zu Beginn ihrer Karriere (1971) verpackte sie für ihre Performance „Einhorn" den unbekleideten Oberkörper einer Studienfreundin in weiße Bandagen und schmückte deren Kopf mit einem weißen, spitz zulaufenden Stab als Horn. Dieses von ihr so genannte DamenEinhorn ließ die Künstlerin an einem dunstigen Sommermorgen durch einen Laubwald und ein Kornfeld schreiten. Ein Film und ein poetischer Begleittext dokumentieren diese Aktion. Wie aus dem Text hervorgeht, hatte sich Horn in ihren Einhornträumen von dem eigenartigen Rhythmus der Studentin beim Gehen zu ihrer Aktion inspirieren lassen. „Ihr Bewusstsein elektrisch, leidenschaftlich; nichts konnte ihren tranceartigen Gang aufhalten; im Wettstreit mit jedem Baum und jeder sichtbaren Wolke … Und der blühende Weizen liebkoste ihre Hüften, aber nicht ihre leeren Schultern", so schließt der Text.

Der niederländische Maler und Grafiker Maurits Cornelis Escher (1898-1972) ist bekannt für seine durch verschiedene Arten der Spiegelung bestimmten Symmetriezeichnungen, in denen eine Fläche regelmäßig mit gleichen Figuren gefüllt wird, die ohne Lücke aneinander grenzen. Und dabei hat er sich 1950 auch den Einhörnern zugewandt, deren Zeichnungen er mit roter, gelber und grauer Wasserfarbe kolorierte.

Die französische Bildhauerin und Malerin Niki de Saint Phalle (1930-2002) ist berühmt durch ihre großfigurigen burlesken Frauengestalten („Nanas") aus bunt bemaltem Polyester. In einem in dem Fernsehsender ARTE gezeigten deutschschweizerischen Dokumentationsfilm (1995) von Peter Schamoni ist zu sehen, wie die Künstlerin an einem riesigen Einhorn mit einer Frau als Reiterin arbeitet.

Einhorn-Symmetriezeichnung von Maurits Cornelis Escher, 1950 (M. C. Escher's „Unicorns" © 2003 Cordon Art B.V.-Baarn-Holland. All rights reserved)

Die aus Bad Reichenhall stammenden Brüder Angerer, der Architekt, Maler, Bildhauer und Grafiker Ludwig Valentin (* 1938) und der Zeichner, Grafiker, Plastiker und Maler Walter Andreas (*1940) veranstalteten 1976 in der Galerie Pfannmüller in Bayreuth eine gemeinsame Ausstellung im Stil des fantastischen Realismus. Zur Unterscheidung fügten sie ihren Nachnamen d. Ä. (der Ältere) und d. J. (der Jüngere) bei. Während Angerer d. Ä. auch in der Folgezeit dem fantastischen Realismus treu blieb, wandte sich sein Bruder anderen Stilrichtungen zu.

Ludwig Valentin schuf das Grabmal des mit ihm befreundeten Schriftstellers Michael Ende (1929-95) auf dem Münchner Waldfriedhof. Es ist ein aufgeschlagenes Buch aus Bronze mit einer Eule und einem Einhorn. Das Buch enthält die letzten Sätze aus Endes „Die Legende vom Wegweiser". Von dem wohl bekanntesten Werk von Michael Ende, dem Roman „Die unendliche Geschichte" war schon die Rede. Mehrfach hat Angerer d. Ä. Einhornköpfe gestaltet, bei denen das Horn als Fantasiesymbol einen Knoten aufweist (Radierung, Plastiken). Der Knoten bedeutet für ihn – wie er mir schrieb – die mangelnde Inspiration und Fantasielosigkeit und letztlich auch die geistige Impotenz unserer gegenwärtigen kulturgeschichtlichen Entwicklung.

Auch bei Angerer d. J. fehlt das Einhorn nicht. Zu erwähnen ist das in Privatbesitz befindliche Acryl- und Ölgemälde „Hermaphrodit und das Einhorn" (1981), das der so genannten Metallperiode des Künstlers angehört. Es handelt sich um eine von ihm seit dem Ende der 70er-Jahre des 20. Jahrhunderts gewählte Stilrichtung, in der Menschen bzw. menschenähnliche Gestalten und Tiere auftauchen, die entweder ganz aus Blech zusammengesetzt sind oder wenigstens teilweise aus Metall bestehen. Ein Hermaphrodit ist ein menschlicher Zwitter, benannt nach einer antiken Zwittergottheit.

Seit mehreren Jahren beschäftigt sich Angerer d. J. mit so genannten Fraßbildern. Darin spielen die Fraßgänge der Borkenkäfer die Hauptrolle. Ausgangspunkt sind befallene Holzstöcke, die mit Druckerfarbe eingewalzt und wie Holzschnitte auf Papier übertragen werden. In der Vergrößerung und farblichen Ausmalung der Fraßgänge sind dann Formen zu erkennen, die Menschen, Tieren oder Pflanzen ähneln. So kommt in dem Acrylgemälde „Wasserzeichen und Korallen II" (1989) ein einhornähnliches Wesen, der „Einhorn-Unter-Wasser-Wau-Wau" vor, den der Künstler noch in einer besonderen Bleistiftzeichnung (1992) wiedergegeben hat. Die Bezeichnung „Wau-Wau" geht auf Angerers damals zweijährigen Sohn zurück, der in dem Bild einen Hund erkannte.

Besonders intensiv hat sich der spanische surrealistische Maler und Grafiker Salvador Dalí (1904-89) dem Einhorn zugewandt: in skurrilen Zeichnungen, Gemälden, auf einem Porzellanteller, in einer Pochoir-Radierung („Dahlia unicornis") und einer Bronze (das Einhorn durchstößt mit seinem Horn eine Stele, davor ein liegender Frauenakt). Unter den Gemälden sind Darstellungen mit seiner Frau Gala.

Das Einhorn. Bronzeguss von Salvador Dalí, 1977-84

Die Zeugung des Einhorns,
Radierung von Ernst Fuchs, 1951

Der österreichische Maler und Grafiker Ernst Fuchs (* 1930), ein bedeutender Vertreter der Wiener Schule des fantastischen Realismus, identifizierte sich selbst mit dem Einhorn. Er schuf neben der „Hochzeit des Einhorns" mehrere Werke mit Einhörnern und mit einhörnigen Tieren. Darunter ist eine Eva als Bischöfin („Eva evecua"), die ein Einhorn umfängt (Strichätzung). Auch ein Totenkopf mit Horn („Forum mortis") ist dabei. Besonders wichtig im Kunstschaffen von Fuchs ist aber der berühmte Zyklus „Die Passion des Einhorns". Darin wird in sieben Radierungen unter deutlicher Anspielung auf Jesus Christus u. a. die Zeugung, die Taufe, die Versuchung, die Auferstehungserwartung und der Triumph des Einhorns gezeigt, wobei der Künstler selbst die „Zeugung des Einhorns" als Symbol der Hochzeit von Sonne und Mond sieht. Zum Thema „Einhorn" schrieb Fuchs 1964 in sein Tagebuch:

„Das Einhorn = Tier der überwundenen Sexualität. Sein Horn ist ja, weil es aus der Stirne wächst, sublime Natur, ja mehr, ist Geist. Also ist es eigentlich nicht phallisch, sondern die Verwandlung und Überwindung des Phallischen, das Tier der Kunst in reinster Form. Das Verwandeln der Triebkräfte in Geist – ein chymischer Vorgang, ein Kunstvorgang. In einer der frühesten Phasen der symbolischen Deformation habe ich (1945) Köpfe gezeichnet, die den ‚Zustand des Einhorns' vor dem Horn zeigen. Die Stirne ‚springt' vor, als wollte sie zum Horne werden."

Fuchs wollte ein Bilderbuch über das Einhorn schaffen, wie wir an anderer Stelle in seinem Tagebuch lesen:

„Nun, da ich das adäquate Mittel, die Radierung, gefunden hatte, meinen Themenkreis in zyklischer Form auszuschöpfen und zu ordnen, wollte ich ein Bilderbuch machen, das Bilderbuch meiner Träume … Ich träumte davon, ein ‚Einhornbuch', das Buch des Einhorns zu schaffen; ein großes Werk mit vielen Radierungen und Gedichten."

Das „Einhornbuch" ist bis heute nicht erschienen. Wie sehr aber das Einhorn im Zentrum des Schaffens von Ernst Fuchs steht, erhellt aus dem Titel der 2001 von Gerhard Habarta über ihn veröffentlichten Biographie: „Ernst Fuchs – das Einhorn zwischen den Brüsten der Sphinx."

Auch in den Bronzearbeiten des Bildhauers und Kunstprofessors Gernot Rumpf (* 1941) kommt das Einhorn mehrfach vor: als Maske, als Kopf, sogar als gehörnter Vogel (im Bronzealtar vom Dom St. Viktor in Xanten und auf einer Säule des 1999 eingeweihten neuen Brunnens in Nagold). Als Figur gehört es zu den von Rumpf und seiner Frau Barbara gestalteten Brunnen in Herxheim/Pfalz und Fürth.

Von dem französischen Zeichner und Cartoonisten Tomi Ungerer (* 1931) aus dem Elsass, dem Kinderbuchautor und Buchillustrator, gibt es besonders witzige Einhörner. Ein Werbeplakat zur Eröffnung des Einkaufszentrums TRUC in USA

Einhornvogel als Symbol der Reinheit und Geizkragen. Detail aus dem Bronzealtar von Gernot Rumpf (1976) in Xanten (Dom St. Viktor)

links:
Werbeplakat von Tomi Ungerer, 1967

rechts:
Tomi Ungerer „Jäger" (1998)
Aus der Serie „Wer liest, genießt"

1967 entstand nach dem Prinzip des Absurden: eine nackte Frau in roten Strümpfen melkt ein Einhorn mit der Unterschrift: „TRUC is stranger than fiction." Und in einer Abbildung des Buches „Trémolo" (Paris 1998) spielt der Musikant, ein Saxophonist, vor Zwergen und zahlreichen Tieren, zu denen auch unser Fabeltier gehört. In der von Ungerer entworfenen Postkartenserie „Wer liest, genießt" (1998) liest ein sitzender Jäger in einem Buch, das sein Hund hält, und merkt offenbar gar nicht, dass ein Einhorn neben ihm ebenfalls ganz interessiert in das Buch schaut.

Der 1935 geborene, im Kleinen Walsertal aufgewachsene und seit Jahrzehnten dort lebende und arbeitende Bildhauer und Holzschneider Detlef Willand hat sich wohl am intensivsten von allen Künstlern der Gegenwart mit dem Einhorn beschäftigt: in zahlreichen Holzschnitten und Farbholzschnitten und in der Postkartenserie „Jäger des Einhorns" (17 in Tusche und Aquarell ausgeführte Landschaftsbilder).

Besonders erwähnt sei „Dr. Paracelsus begegnet dem großen Einhorn auf dem Weg nach Compostela" wohl als Symbol für die Vereinigung von Mystik, Naturwissenschaft und Philosopie.

Ende März 1998 hielt Willand zur Eröffnung einer Ausstellung eigener Werke im Kemptner Kunstkabinett einen Vortrag mit dem Titel „Der Künstler ist ein Einhornjäger". Zur Charakterisierung seiner Gedanken zum Einhorn seien einzelne Passagen daraus zitiert:

„Grundsätzlich kann Kunst heute nur sehr schwer, eigentlich gar nicht mehr definiert werden. Zu groß ist die Verwirrung …

Ich stelle fest: Maßlosigkeit und Grenzenlosigkeit in der abendländischen Kultur haben die erhoffte Freiheit und den Sprung nach vorne nicht gebracht, und die Rückkehr zu irgendwelchen sinnentleerten Ismen ist ebenfalls sinnlos.

Für mich wurde diese Verwirrung zum Antrieb einer Suche. Deshalb bin ich vielleicht Holzschneider geworden.

Diese Verwirrung, die ich meine, beschränkt sich ja nicht nur auf die Kunst, sondern sie hängt mit unserem Leben überhaupt zusammen. Ich beobachte sie nicht nur bei mir, sondern bei vielen Menschen unserer Zeit.

Irgendetwas ist uns da doch verloren gegangen, nicht wahr?

Ich symbolisiere das Verlorene und das Gesuchte mit dem Einhorn.

Der Weg oder die Suche nach dem Einhorn ist zugleich die Jagd auf das Einhorn. Also bin ich ein Jäger. Ich bin ein Einhornjäger.

Die Wegsuche geht verschiedene Wege, wobei das tatsächliche, das physische Gehen, für mich immer sehr wichtig war und ist …

Das Einhorn ist der Weg, Subjekt und Objekt zugleich. Ich könnte auch sagen, das Einhorn ist das, was Lao-tse das Tao nennt, was im Chinesischen übrigens auch Weg bedeutet. Das Einhorn ist das, was die Zenbuddhisten die ‚Nicht-Zweiheit' nennen (darum hat es nur ein Horn) oder manchmal auch ein wenig scherzhaft ‚Die große Sache'. Eckehart, der große deutsche Mystiker des Mittelalters, sprach manchmal von dem ‚Fünklein' …

Es führte zu weit, hier nachzusinnen, warum uns das Einhorn entkommen ist, aber ich sehe es als legitime Aufgabe der Kunst an, es zu jagen, – ja es ist vielleicht die einzige wirklich erlaubte Aufgabe der Kunst …

Es wäre ein Missverständnis, wenn ich Ihnen den Eindruck vermittelt hätte, als wüsste ich, wo es mit der Kunst so allgemein entlang geht, nein – das weiß ich natürlich auch nicht, aber das Rätsel Einhorn zu jagen, ist eine Chance, und nicht nur für den Künstler, das kann jeder auf seine Weise. Und wer weiß, vielleicht ist es unsere letzte."

Auch in die Fantasy-Kunst ist, ausgehend von der entsprechenden Literatur, das Einhorn eingedrungen. Vor allem US-amerikanische Künstler sind hier zu nennen wie Niki Broyles, Jay Burch, Susan J. Dawe, Jonathan Meader und Boris Vallejo. Die Brüder Greg und Tim Hildebrandt, die sich mit den Titelbildillustrationen von Fantasy-Taschenbüchern einen Namen gemacht haben, sind durch besonders ausdrucksvolle Einhorndarstellungen bekannt. In den USA und Kanada sind schon seit mehreren Jahren ganze Jahreskalender mit Fantasy-Kunst dem Einhorn gewidmet.

Zum Abschluss sei auf die kirchliche Kunst eingegangen. Dort finden wir das Einhorn in Glasfenstern und in einem Webteppich.

Die ursprünglich barocke, später neugotische katholische Pfarrkirche St. Ludwig in Saarlouis wurde unter Beibehaltung der neugotischen Fassade mit

Jäger des Einhorns.
Holzschnitt von Detlef Willand, 1983

dem Turm 1968-70 modern umgebaut. Für die neue Kirche begann der Saarbrücker Bildhauer, Maler und Grafiker Ernst Alt (* 1935) zur Deutung der Heilsgeschichte 1980 mit einem Farbfenster-Zyklus. Unter den fünf Tierfenstern ist auch ein Einhornfenster. Das Einhorn ist hier ganz in der Tradition des Mittelalters ein Symbol für die Menschwerdung Christi.

Von dem Düsseldorfer Glasmaler Ernst Otto Köpke (* 1914) stammt aus den 50er-Jahren und Anfang der 60er-Jahre eine ganze Reihe von heute teilweise nicht mehr erhaltenen Einhornfenstern, vor allem in Krankenhäusern und Kirchen des Rheinlandes bzw. von Nordrhein-Westfalen. Besonders erwähnt seien zwei in Gelb und Blau gehaltene Glasfenster: ein Einhorn als Symbol der Keuschheit in der Rheinischen Landesklinik in Bedburg-Hau sowie die auf einem Einhorn reitende hl. Jungfrau Maria in der katholischen Pfarrkirche St. Bonifatius in Elkhausen (Sieg).

Maria als Einhornreiterin. Glasfenster von Ernst Otto Köpke (1956) in Elkhausen (Sieg), St. Bonifatius, Aufn. vom Autor

In der katholischen Pfarrkirche „Zum Guten Hirten" in Friedrichshafen a. B. hängt ein gewebter Marienteppich „Lauretanische Litanei" des Malers und Grafikers HAP (Helmut Andreas Paul) Grieshaber (1909-81). Grieshaber trat mit großformatigen Farbholzschnitten mythologischen, religiösen oder politisch engagierten Inhalts in abstrahierenden Formen hervor. Der Webteppich orientiert sich an der ins Mittelalter zurückreichenden, 1531 nach dem italienischen Marienwallfahrtsort Loreto benannten Lauretanischen Litanei der katholischen Kirche. Litaneien sind liturgische Wechselgebete mit Anrufungen Gottes und der Heiligen. Hier sind die Anrufungen speziell an die Jungfrau Maria gerichtet, der teilweise auf alttestamentliche Stellen bezügliche Ehrennamen beigelegt werden. In Grieshabers Teppich sind u. a. der „Spiegel der Gerechtigkeit", das „Ehrwürdige Gefäß", die „Geheimnisvolle Rose" und das „Goldene Haus" dargestellt. Hinzu kommen der Lebensbaum, diverse Pflanzen und Tiere und ein Mädchen, das das „Ehrwürdige Gefäß" in Form eines goldenen Kelches hochhält. Und in dieses „Marienlob der Geschöpfe" ist hochaufragend mit langem Horn das Einhorn als Symbol Christi hineingestellt.

Noch auf eine ganz andere Weise begegnete HAP Grieshaber dem Fabeltier. Der Schriftsteller und Dramaturg Heinar Kipphardt (1922-82) widmete ihm zu seinem 70. Geburtstag (15. 2. 1979) ein Glücksgedicht über das Einhorn. Der 2002 herausgegebene Briefwechsel zwischen Grieshaber und Kipphardt enthält das Gedicht und ist nach einem der Verse betitelt: „Das Einhorn kommt gerne bei Nacht".

Das Einhorn lebt

Die Suche nach Einhornspuren vom Beginn der Neuzeit bis hinein in die unmittelbare Gegenwart hat eindrucksvoll belegt, dass das Einhorn kraftvoll überlebt hat und besonders seit dem 20. Jahrhundert und dessen zweiter Hälfte häufiger auftritt als je zuvor, eine Tendenz, die gegen Ende des Jahrhunderts und mit dem Übergang ins 21. Jahrhundert noch mehr zugenommen hat. Traditionelle Muster wie die Wasserentgiftung, die Zähmung des Tieres durch eine reine Jungfrau, die Einhornjagd und in der kirchlichen Kunst der Bezug auf Christus und Maria spielen dabei eine wichtige Rolle. Und auch die aus dem Mittelalter überkommene phallische Bedeutung des Horns als Symbol für das erotische Begehren, aber auch für die überwundene Sexualität und die Keuschheit ist geblieben. Die negativen Aspekte wie zuletzt noch bei Böcklin und im Märchen sind fast ganz verschwunden. Das Einhorn ist nicht mehr böse, wild, bedrohlich und todbringend, sondern glückverheißend wie im alten China. Als Fabeltier ist es eines der wichtigsten Symbole für die menschliche Fantasie, die bei einer Tötung des Tieres vom Absterben bedroht ist. Ja, die ganze Menschheit kann durch den Tod des Einhorns untergehen. Das Einhorn kämpft in Zauberwelten auf der Seite der guten Mächte gegen das Böse und Vernichtende, aber auch konkret gegen die Umweltzerstörung. Schließlich dient das Einhorn auch als Symbol für Menschen, die mit dem Leben nicht zurecht kommen oder auf der Suche nach dem Lebenssinn sind.

Das Vorkommen des Einhorns in der Gegenwart ist unüberschaubar geworden, nicht nur in der Kunst, der Literatur und anderen Medien. Im Alltag ist das Tier fast allgegenwärtig: in der Karikatur und im Witz, in der Werbung, als Wein- und Biersorte, als Hemd und als Bluse, als Fensterbild, in Malbüchern und auf Postkarten. Es kommt als Kuscheltier vor, als Holz-, Glas- und Plastiktier, als Luftballon sowie auf Ansteckern und Autoaufklebern. Vor allem in den USA wird es in vielen Formen als Souvenirartikel verkauft. Auf Briefmarken und Münzen ist es abgebildet. Fische, Vögel und Pflanzen sind nach dem Einhorn benannt, seit dem 17. Jahrhundert sogar ein Sternbild am südlichen Himmel (in der Nähe von Orion zwischen dem Kleinen und Großen Hund). In den Jahren 1987-2001 fand fast jährlich mindestens eine Einhorn-Ausstellung in der Schweiz oder in Deutschland statt. Daneben kam das Einhorn in anderen Ausstellungen (z. B. über Fabelwesen oder Wappen) in Deutschland, Österreich

Bierdeckel-Werbung für Kirin (Einhorn)-Bier in Japan

und Südtirol in den letzten Jahren mehrfach vor. Die österreichische Gemeinde Seefeld in Tirol veranstaltete im September 2000 – ausgehend von ihrem Einhornwappen – einen internationalen 3-Tage-Einhornmarsch, an dem der Autor dieses Buches teilnahm. Der Marsch wurde seither jährlich durchgeführt. Total unübersichtlich ist das Auftreten des Einhorns im Internet. Man findet dort die unterschiedlichsten Einhornseiten, Einhornglückwunschkarten und einen Webring der Einhornfreunde. Musikbands und Theatergruppen sind nach dem Einhorn benannt. In Musicals spielt das Einhorn eine besondere Rolle. Erwähnt sei „Der Zauberwald", ein vom Zirkus Althoff präsentiertes Pferde-Musical, das von 1996-2000 erfolgreich durch zahlreiche deutsche Städte tourte und in dem ein Einhorn im Mittelpunkt stand. In dem seit 2001 – auch im europäischen Ausland – gezeigten zweiten Teil des Musicals unter dem Namen „Goa" erscheint das Einhorn nur noch am Rande. Und 1999 fand im Elsass (Neuwiller-lès-Saverne) und in Speyer – inspiriert durch die Cluny-Teppiche und in Anlehnung an mittelalterliche Mysterienspiele – ein Open-Air-Nachtspektakel („Die Dame mit dem Einhorn") statt. Sogar auf der Weltausstellung im Jahr 2000 in Hannover war das Einhorn vertreten (im Paradies des Themenparks „Das 21. Jahrhundert").

Lebt das Einhorn nun? Allem Anschein nach hat es real nie existiert und wird zu den Fabeltieren gerechnet wie der Basilisk, der Drache, der Greif oder der Phönix. Doch lebt es seit Jahrtausenden in Mythen, Sagen, Berichten, Dichtungen und künstlerischen Darstellungen in Asien, Europa und Afrika und ist im Zeitalter der Fantasy-Literatur auch auf den amerikanischen Kontinent vorgedrungen.

Vielleicht sollten wir uns an Umberto Eco (*1932) halten, wenn er in „Der Name der Rose" schreibt: „Das Einhorn der Bücher ist wie eine Fußspur oder ein Abdruck im Schnee. Wenn ein Abdruck da ist, muss es etwas gegeben haben, das ihn gemacht hat."

Einhornreiter aus Tansania. Schnitzerei der Makonde aus Ebenholz.
Etwa 80er Jahre des 20 Jahrhunderts.
Aufn.: Dr. Rainer Humbach, Freiburg i. Br.

Schlussgedicht

Der Gitarrist, Liedermacher und Dichter Christof Stählin (* 1942) brachte 1978 eine Langspielplatte mit dem Titel „Das Einhorn" heraus. Das Titellied lautet folgendermaßen:

DAS EINHORN

Du gehst im Wald spazieren –
Schau, ein Einhorn sitzt da auf dem Baumstumpf.
Die Beine gekreuzt, sitzt's mitten in der Lichtung,
die Dame zu besuchen kam es aus der Dichtung.
Rollt's die rosa Zunge, den Rücken sich zu lecken,
die dunkelbraune Decke ohne einen einz'gen Flecken.
Wippt bei der Arbeit das schlanke eine,
bis zur Spitze hochgedrehte Horn von Elfenbeine.

Rührmichnichtan
heißt die Anmut der Dame,
Verratmichnicht
ist des Einhorns Name.

Laß dich nieder hinter diesen Strauch
und streck den Hals, dann siehst du auf den Baumstumpf.
Auf den Hufen ein Glanz wie von Seide,
hinter rosa Lippen das weiße Zahngeschmeide,
tief in den Wimpern der Augen Augenweide,
die Tollkirschenaugen, der Dame Herzeleide.
Spielen im Wind die morchelweichen Nüstern,
im Gesträuch die Blätter flüstern, flüstern:

Abb. S.116 Detail aus:
Friedrich Justin Bertuch, Bilderbuch für Kinder.
Weimar 1792. Bd 1, III Nr. 59

Rührmichnichtan
heißt die Anmut der Dame,
Verratmichnicht
ist des Einhorns Name.

Paß auf, dass kein Zweiglein unter dir knackt,
sonst springt das Einhorn auf und flieht von seinem Baumstumpf.
Es sitzt jetzt ganz still, bloß die Lippen vibrieren,
die Regeln der Liebeskunst zu memorieren.
Da springt ein Eichhorn vom Buchenast behende
dem Einhorn auf des Hornes schwankendes Ende.
Es raunt im Gezweig, es flüstert im Röhricht:
„Ach, was sind doch Nashörner so plump und töricht!"

Rührmichnichtan
heißt die Anmut der Dame,
Verratmichnicht
ist des Einhorns Name.

Halt den Atem an und mucks dich nicht,
jetzt steht das Einhorn auf von seinem Baumstumpf!
Schüttelt sich und wiehert leise,
dann trabt es davon zum Ende seiner Reise.
Tritt für Tritt für Tritt aufs genaueste gesiegelt,
die Mähne wippt, Haar für Haar gestriegelt.
Das Horn, gewunden und doch so gerade,
weist, wie man sich nähert aller Damen Gnade.

Rührmichnichtan
heißt die Anmut der Dame,
Verratmichnicht
ist des Einhorns Name.

Steh auf, hol tief Luft, sprich laut, schau dich um.
Als ob nichts gewesen wäre, steht der Baumstumpf.
Das Einhorn steigt jetzt Stufe um Stufe,
aufrecht und mit hängendem Hufe,
die Wendeltreppe aufwärts und im Kreise,
die gedreht ist nach des Einhorns Hornes Weise.
Vorm Turmgemach bleibt's stehn und nickt,
das Horn mit seiner Spitze sachte an die Türe tippt.

Es ziehen der Dame
weiße Hände
den Riegel zurück,
wir sind am Ende.

Einhorn-Apotheken in Deutschland

Adelebsen
Bad Kreuznach
Bad Lauterberg im Harz
Bad Windsheim
Barntrup
Bensheim
Bergisch-Gladbach
Berlin-Kreuzberg
Berlin-Steglitz
Bielefeld
Blumberg, Baden
Bochum
Bockenem
Bonn
Borgsdorf
Bottrop
Braunschweig
Bremen
Bünde
Buxtehude
Dannenberg, Elbe
Darmstadt
Dautphetal
Delmenhorst
Dortmund
Duisburg
Emden
Erlangen
Essen
Flensburg
Frankenthal
Fürstenau
Gelnhausen
Gelsenkirchen
Genthin
Gladbeck

Goch
Goldbeck
Gondelsheim
Goslar
Gronau, Westfalen
Hachenburg
Hagen
Hamburg-Altona
Hamburg-Harburg
Hameln
Hamm
Hammelburg
Hanau
Haßfurt
Heilbronn
Hildesheim
Hof, Saale
Husum
Iserlohn
Karlsruhe
Kassel
Kiel
Kleve
Koblenz
Köln-Mülheim
Krefeld
Langen
Leipzig
Lemgo
Lippstadt
Ludwigshafen
Lüchow
Lüneburg
Magdeburg
Mannheim
Marburg

Memmingen
Mölln
Mönchengladbach
Mühlhausen, Thüringen
Mülheim, Mosel
München
Münster
Neckarsulm
Neumünster
Neuss
Nördlingen
Norden
Nürnberg
Oberhausen
Oer-Erkenschwick
Offenbach
Offenburg
Osnabrück
Osten
Paderborn
Peine
Pforzheim
Potsdam
Rees
Regensburg
Reinfeld, Holstein
Remscheid
Rheinberg
Rochlitz
Rodgau
Saarbrücken-Güdingen
Saarlouis
Schönwalde am Bungsberg
Schwabstedt
Schwäbisch Gmünd
Schwerin
Siegen
Sinntal
Speyer
Stade
Straubing
Stuttgart
Traunreut
Trier
Vacha
Vlotho
Waxweiler
Weinheim
Weißenburg, Bayern
Wiesbaden
Witten
Wittingen
Wuppertal-Barmen
Wuppertal-Elberfeld
Zeitz

Einhorn-Apotheken in Österreich

Linz
Seefeld
Schwaz
Waidhofen an der Ybbs
Wels
Wien

Einhorn-Ausstellungen 1987-2001

Dem Einhorn auf der Spur
Basel, Naturhistorisches Museum   5. 12. 1987 - 25. 1. 1989

Jubiläumsausstellung 100 Jahre Gachnang
Islikon/Thurgau   20. 10. - 5. 11. 1989

Das Einhorn lebt
Leipzig, Einhorn-Apotheke   Juli - Sept. 1990

Das Einhorn
Warendorf/Westf., Rathaus   26. 9.- 14. 10. 1990

Vom Meereinhorn zum Narwal – BEGLEITBROSCHÜRE (CÄSAR CLAUDE)
Zürich, Zoologisches Museum der Universität   23. 2. - 26. 9. 1993

Das Einhorn – das geheimnisvolle Fabeltier –
BEGLEITKATALOG (MARGRIT FRÜH)
Frauenfeld/Thurgau, Schlossremise   5. 6. - 10. 10. 1993

Vom Einhorn fasziniert – BEGLEITBROSCHÜRE (RAINER FILBRY)
Münster/Westf., Geologisch-Paläontologisches
Museum der Universität   26. 10. 1993 - 28. 2. 1994

Das Einhorn. Mythos · Märchen · Fabel –
BEGLEITBROSCHÜRE (ALEXANDER USLER UND BERTUS STOCK)
Giengen a. d. Brenz, Bürgerhaus   2. 6. - 23. 7. 1995

Begegnung mit dem Einhorn
Freiburg i. Br., Universitätsbibliothek   15. 1. - 17. 2. 1997

Das Einhorn lebt. Kunstausstellung –
KATALOG (EINFÜHRUNG: GEORG FRIEDRICH KEMPTER)
Remshalden-Grunbach, Bürgerhaus   19. 9. - 17. 10. 1998

Hat das Einhorn die Arche Noah verpasst?
Osnabrück, Zoo und Museum am Schölerberg   1. 11. 1998 - 28. 2. 1999

Das Einhorn lebt. Kunstausstellung.
ÜBERNAHME DER AUSSTELLUNG VON REMSHALDEN-GRUNBACH
Giengen a. d. Brenz, Bürgerhaus   13. 12. 1998 - 10. 1. 1999

Das Einhorn. Mythos und Signet – KATALOG
Schwäbisch Gmünd, Museum für Natur und Stadtkultur   12. 11. 1999 - 5. 3. 2000

Fabelhaft – Einhörner für Kinder in Namibia.
Versteigerungsausstellung – KATALOG
Münster/Westf., Apostelkirche
(außerdem Schülerausstellung im Schillergymnasium)   7. 5. - 25. 5. 2000

Rund ums Einhorn. Das Einhorn als Fabelwesen und Wappentier –
BEGLEITHEFT (THILO MANGOLD)
Schönau/Niederbayern, Kulturstadel   12. 5. - 27. 5. 2001

Gemeinden mit Einhornwappen

Deutschland:

Affing	Opfenbach
Christes	Reichling
Finningen	Röslau
Giengen an der Brenz	Rugendorf
Glashütten, Oberfranken	Schönau, Niederbayern
Lichtenberg, Oberfranken	Schondorf, Ammersee
Marktrodach	Schwäbisch Gmünd
Mistelgau	Tengen
Oberried, Breisgau	

Österreich:

Bludenz	Mils
Gössendorf	Perg
Kundl	Seefeld in Tirol
Lechaschau	Tobadill
Lunz am See	Weißenbach am Lech
Nußdorf am Haunsberg	

Schweiz:

Ballwil	Gachnang
Biesenhofen	Hünenberg
Buhwil	Humlikon
Cadro	Mettmenstetten
Cuarnens	Rümlang
Dübendorf	Wattwil
Ebnat-Kappel	

Das Einhorn in verschiedenen Sprachen

Adarbatun	Baskisch
Aonadharcach	Irisch
Brivetm-i	Albanisch
Ch'i-lin	Chinesisch
Eenhoorn	Niederländisch
Eenhoring	Afrikaans
Egyszarvú	Ungarisch
Einhorn	Deutsch
Einhürne	Mittelhochdeutsch
Einhurno	Althochdeutsch
Einhyrningu	Isländisch
Ekasrnga	in indischen Sprachen
Enhjørning	Dänisch, Norwegisch, Schwedisch
Hsieh-chai	Chinesisch
Inorog	Rumänisch
Jadnorogac	Niedersorbisch
Jednorozec	Polnisch, Slowakisch, Tschechisch
Karkadann	Islamisch (Persien, Arabien)
Kirin	Japanisch
Licorne	Französisch
Liocorno	Italienisch
Monokeros	Griechisch
Tek boynuzlu at cinsinden hayvan	Türkisch
Unicorn	Englisch, Surselvisch
Unicornio	Portugiesisch, Spanisch
Unicornis	Lateinisch
Unicorno	Italienisch
Unkorn	Bretonisch
Vienaragis	Litauisch
Wéenradfis	Lettisch
Yedinorog	Russisch
Yksisarvinen	Finnisch

Literaturauswahl

Beer, Rüdiger Robert: Einhorn. Fabelwelt und Wirklichkeit. München 1972.

Caroutch, Francesca-Yvonne: Le mystère de la licorne. À la recherche du sens perdu. Paris 1997.

Cherry, John: Von Drachen, Einhörnern und anderen mythischen Wesen. Stuttgart 1997.

Cohn, Carl: Zur literarischen Geschichte des Einhorns. In: Wissenschaftliche Beilage zum Jahresbericht der Elften Städtischen Realschule zu Berlin. Berlin 1896 (S. 1 - 30) und Berlin 1897 (S. 1 - 29).

Einhorn, Jürgen W.: Spiritalis unicornis. Das Einhorn als Bedeutungsträger in Literatur und Kunst des Mittelalters. 2. Aufl. München 1998.

Golowin, Sergius: Drache, Einhorn, Oster-Hase und anderes phantastisches Getier. Basel 1994.

Gotfredsen, Lise: The Unicorn. London 1999.

Hathaway, Nancy: The unicorn. New York 1980.

Hörisch, Jochen (Hrsg.): Das Tier, das es nicht gibt. Eine Text- & Bild-Collage über das Einhorn. Nördlingen 1986.

Jossua, Jean-Pierre: La licorne. Images d'un couple. 2. Aufl. Paris 1994.

Klostermaier, Doris M.: Wanderungen und Wandlungen des Einhornmotivs von der altindischen Legende zur Emblematik des sechzehnten und siebzehnten Jahrhunderts. Diss. Winnipeg, Manitoba 1978.

Lyall, Sutherland: Die Dame mit dem Einhorn. London 2000.

Mallet, Carl-Heinz: Das Einhorn bin ich. Das Bild des Menschen im Märchen. Hamburg 1982.

Megged, Matti: The animal that never was (In Search of the Unicorn). New York 1992.

Restelli, Marco: Il Ciclo dell'Unicorno. Miti d'Oriente e d'Occidente. Venezia 1992.

Schmidt, Trudy: Zur Symbolik des Fabeltiers Einhorn. In: Sandoz-Bulletin 84 (Basel 1988), S. 19 - 30. Mit einem Beitrag von Urs Rahm: Dem Einhorn auf der Spur. Zur Zoologie des Einhorns.

Schöpf, Hans: Fabeltiere. Graz 1988.

Schreiber, Adèle: Enhörningen. Stockholm 1997.

Sheppard, Odell: The lore of the unicorn. London 1930. Nachdruck London 1996.

Thenius, Erich: Neues vom Einhorn. In: Natur und Museum 127 (Frankfurt 1997), S. 1-10..

Thuja, Alèke: Dem Einhorn auf der Spur. Zur Kulturgeschichte eines Mythos. Taschenbuchausgabe München 1988. Früher (ohne Untertitel): Kiel 1984.

Vavra, Robert: Das Einhorn lebt. Herrsching 1983.

Wehrhahn-Strauch, Lieselotte: Einhorn. In: Reallexikon zur deutschen Kunstgeschichte 4 (Stuttgart 1958), S. 1504 - 1544.

Wunderlich, Werner: Hunting the Unicorn. Über Abstammung, Arten und Lebensweise des amerikanischen Fantasy-Einhorns. In: Mittelalter, Massenmedien, Neue Mythen. Herausgegeben von Jürgen Kühnel. Göppingen 1988.

Internet-Adresse: http://www.einhornmagie.de (oder: angelseven.de)

Bildnachweis

8 Exlibris des Autors. Entwurf und Zeichnung: Walter Wild (1906-2002), Freiburg i. Br. **9** Bildinitiale aus einer Inkunabel der Universitätsbibliothek Freiburg i. Br. (Baldus de Ubaldis, Super usibus feudorum. Rom um 1474) **10** Einhornmaske der Narrengesellschaft Billafingen **11** Einhorn auf einem Apsisfenster der neuromanischen Pfarrkirche St. Johann in Freiburg i. Br. Von Fritz Geiges (1853-1935) **12** Aus: Robert Vavra, Das Einhorn lebt. 1983, S. 16 **15** Einhornskelett. Rekonstruktion von Otto von Guericke **16** Ray Fischer und sein einhörniger Stier, 1978 **17** Drei verschiedene Einhornarten. Kupferstiche von Matthäus Merian d. Ä. Aus: Jan Jonston, Theatrum universale omnium animalium quadrupedum. Heilbronn 1755 **18** Ch'i-lin. Gräber der Ming-Dynastie (1368-1644) bei Peking. Aufn.: Ulla Kulcke, Freiburg i. Br. **21** Karkadann. Zeichnung nach einem irakischen Manuskript des 13. Jahrhunderts in der British Library, London **23** Einhornjagd in Indien. Kupferstich von Johannes I. Collaert (1566-1628) nach Jan van der Straet (1523-1605) **27** Illustration zu Ps 92, 11 aus dem Stuttgarter Psalter, fol.108v (Symbol für die Segensfülle des Gerechten) **28** Jungfrau und Einhorn aus dem Berner Physiologus (lateinische Handschrift, 9. Jahrhundert; ms. 318 der Burgerbibliothek in Bern, fol. 16v) **30** Wasserentgiftung durch das Einhorn aus der Bibel des Herzogs Borso d'Este (lateinische Handschrift, Ferrara, 1461, ms. V. G. 12 der Bibliotexa Estense in Modena, Bd 2, fol. 233v) **31** Jungfrau mit Einhorn und Jägern aus einem lateinischen Bestiarium (Handschrift; England, um 1210; ms. Ashmole 1511 der Bodleian Library in Oxford, fol. 14v) **32** Erschaffung der Tiere aus dem Hortus deliciarum (1175/91), fol.8v **33** Erschaffung der Landtiere. Medaillon der Schöpfungsinitiale einer lateinischen Bibelhandschrift von 1295 (Hs. 374 der Universitätsbibliothek Freiburg i. Br., fol. 3v) **34** Das Paradies (Detail) von Lucas Cranach d. Ä. (Dresden, Gemäldegalerie Alte Meister) **36** Das Einhorn im Paradies. Holzschnitt aus: Johann Joachim Becher, Parnassus medicinalis illustratus. Ulm 1663 **37** Das Einhorn in der Arche Noah aus einer deutschen Handschrift der Konstanzer Weltchronik (Bayern, 3. Viertel des 15. Jahrhunderts; Cgm 426 der Bayerischen Staatsbibliothek in München, fol. 6v) **38** Einhorn als Dämon. Wasserspeier auf der Südseite des Straßburger Münsters **39** Einhörnige Fischwesen in Zillis/Graubünden (Martinskirche) und Tramin/Südtirol (St. Jakob in Kastelaz) **41** Der Mann im Brunnen. Kupferstich von Boetius A. Bolswert (um 1580-1633) **42** links: Der Mann im Baum: Fresko in der Dorfkirche von Bischoffingen rechts: Aus einer Handschrift des Renner von Hugo von Trimberg (um 1450; Cgm 7375 der Bayerischen Staatsbibliothek in München, fol. 111v) **44** Mystische Einhornjagd Detail auf einem Passionsaltar der Werkstatt Martin Schongauers um 1475. Colmar, Unterlindenmuseum **45** Mystische Einhornjagd auf einem oberrheinischen Marienteppich, um 1400. Freiburg i. Br., Augustinermuseum **47** Hl. Justina von Padua mit einem Einhorn als Symbol der Keuschheit und dem Stifter. Tafelbild von Moretto da Brescia, um 1530. Wien, Kunsthistorisches Museum **51** Jungfrau mit Einhorn und Jäger aus einer lateinischen Physiologus-Handschrift (14. Jahrhundert; Clm 6908 der Bayerischen Staatsbibliothek in München, fol. 79r) **54** Rand: Rabe und Einhorn aus einer deutschen Handschrift des „Speculum sapientiae" (Bayern, um 1457; Cgm 340 der Bayerischen Staatsbibliothek in München, fol. 45v), Mitte: Einhorn und Leopard im Kampf mit dem Drachen. Kolorierter Holzschnitt aus: Dialogus creaturarum. Stockholm 1483 **56** Maria und Eva mit Einhorn aus einer deutschen Handschrift der „Gesta Romanorum" (Bodenseegebiet, um 1460; Cod. Donaueschingen 145 der Badischen Landesbibliothek in Karlsruhe, fol. 67v) **57** Streit der Vierfüßer mit den Vögeln. Holzschnitt aus dem so genannten Ulmer Äsop von 1476/77 **58** Wildmann oder Wildmädchen reitet auf einem Einhorn. Kupferstich des Hausbuchmeisters, um 1480/90 **59** Wildweibchen mit Einhorn auf einem Straßburger Wirkteppich von 1500/1510. Basel, Historisches Museum **60** Einhorn als Reittier der Keuschheit aus einer deutschen Etymachie-Handschrift (1447; 2° Cod. 160 der Staats- und Stadtbibliothek in Augsburg, fol,. 86r **62** Tiere des Heiligen Landes. Kolorierter Holzschnitt aus dem 1486 in Mainz gedruckten Reisebericht des Bernhard von Breidenbach (Exemplar der Universitätsbibliothek Freiburg i. Br.) **66/67** Teppich-Serie der „Dame mit dem Einhorn" im Musée de Cluny in Paris, von links nach rechts: Geschmack, Geruch, Gehör, Gefühl, Gesicht und „Mon seul désir" **71** Zeichnung von Jean Cocteau zu seinem Ballett „Die Dame mit dem Einhorn" **72** Aus der Teppich-Serie der Einhornjagd in „The Cloisters", New York, links: Aufbruch zur Jagd, rechts: Das gefangene Einhorn **73** Jungfrau mit dem Einhorn, Medaillon des Malterertepichs (um 1310/20) **74** Einhornjagd am Rathauserker in Freiburg i. Br. **76** Wappen von Großbritannien **77** Wappen von Schottland im Gebetbuch König Jakobs IV. (Handschrift; Flandern, um 1503; cod. 197 der Österreichischen Nationalbibliothek in Wien, fol. 14v) **78** Links: Wappen Friedrich von Schillers, rechts: Einhornwappen von Schwäbisch Gmünd auf einer Wappentafel des Augustinerklosters von 1500. Schwäbisch Gmünd, Museum für Natur & Stadtkultur im Prediger, unten: Messgewand mit dem Einhornwappen der Äbtissin Adelheid Lohrmann. Baden-Baden, Zisterzienserinnenabtei Lichtenthal **79** oben: Verlagssignet von Melchior Lechter, 1908, unten: Das Einhorn entgiftet das Wasser. Aus: Nicolaus Reusner, Emblemata. Frankfurt 1581 **81** Plakat eines Londoner Arztes, 17. Jahrhundert **82** Narwal **83** Einhorn-Apotheke in Weißenburg, Bayern **85** Aus: Das tapfere

Schneiderlein (englische Ausgabe; nacherzählt von Shirley Greenway, Bilder von Krystyna Turska. London 1988) **87** *Der Löwe und das Einhorn, die kämpften um die Kron'*. Aus: L. Leslie Brooke, Ring o' Roses. London 1922 **91** Filmszene aus: „Das letzte Einhorn" von by Peter S. Beagle (USA 1982) Copyright: Cinetext Bildarchiv **92** Coverillustration von Roswitha Quadflieg aus: Michael Ende: Die unendliche Geschichte © 1979 by Thienemmann Verlag GmbH, Stuttgart-Wien, **93** Otfried Preußler, Genadjin Spirin: „Das Märchen vom Einhorn", © der Texte: 1988 by Thienemann Verlag Gmbh, Stuttgart - Wien, © der Illustr.: 1988 by Y. F. Schreiber, Esslingen **94** Aus Erich Joos, Erich Hölle: „ Die wunderbare Geschichte vom Mädchen und dem Einhorn, Echter Verlag Würzburg, 1990 **95** © Fiona Moodie: Das Einhorn und das Meer" 1986 **96** Filmszene aus „Legende" (GB 1985) © Cinetext Bildarchiv **99** Hieronymus Bosch (um 1450-1516) „Garten der Lüste" (Madrird, Prado) **100** Albrecht Dürer: „Raub der Proserpina", Eisenradierung 1516 **101** Einhorn als Sinnbild der Finsternis und Kranich als Symbol der Morgenfrühe. Randzeichnung zum Gebetbuch Kaiser Maximilians von Albrecht Dürer **102** Das Einhorn. Ölgemälde von Gustave Moreau, um 1885 **103** Das Schweigen des Waldes. Gemälde auf Holz von Arnold Böcklin, 1885 **105** „Out-of-touch-unicorn" von Ronald Searle, 1979 **106** M.C. Escher´s „Unicorns" (1950) © 2003 Cordon Art B.V.-Baarn-Holland. All rights reserved **107** Das Einhorn. Bronzeguss von Salvador Dalí, 1977-84 **108** Die Zeugung des Einhorns. Radierung von Ernst Fuchs, 1951 **109** Einhornvogel als Symbol der Reinheit und Geizkragen. Detail aus dem Bronzealtar von Gernot Rumpf (1976) in Xanten (Dom St. Viktor). **110** links: „Truc is stranger than fiction" (1967) aus: Tomi Ungerer, „Poster" Copyright © 1994 Diogenes Verlag AG Zürich, rechts: Tomi Ungerer „Jäger" 1998 aus der Serie „Wer liest genießt" Copyright © 1998 Diogenes Verlag AG Zürich **111** Jäger des Einhorns. Holzschnitt von Detlef Willand, 1983 **112** Maria als Einhornreiterin. Glasfenster von Ernst Otto Köpke (1956) in Elkhausen (Sieg), St. Bonifatius, Aufn. vom Autor **114** Bierdeckel-Werbung für Kirin (Einhorn-)Bier in Japan **115** Einhornreiter aus Tansania. Schnitzerei der Makonde aus Ebenholz. Etwa 80er Jahre des 20. Jahrhunderts. Aufn.: Dr. Rainer Humbach, Freiburg i. Br. **116** Detail-Abbildung aus: Friedrich Justin Bertuch, Bilderbuch für Kinder. Deutsch und französisch. Weimar 1792. Bd 1, III Nr. 59